花と料理

おいしい、いとしい、365日

平井かずみ
渡辺有子
大段まちこ

リトルモア

JANUARY

JAN

1

おせち料理

おせち料理という伝統は守りたいもの。ひとつ、ひとつ、願いや意味がこめられています。でも、すべてを作るとなるとたいへん、というのもわかります。

アレンジも楽しみながら、家庭にあったおせちを作って、新年を祝いたいですね。

JAN

2

黒豆
数の子と青大豆
紅白なます

黒豆はまめまめしく。皮にしわが入らないように、ピンと張ることを目指しますが、シワが入ってしまっても、シワができるまで元気に長生きということで……。

数の子と青大豆を合わせたものは福島の郷土おせち料理のひとつです。これがなかなかに良い組み合わせ。

紅白なますはよく切れる包丁で大根と人参を切りましょう。これで出来上がりのおいしさは、格段に変わります。

JAN

3

南天

難を転じて
福となす。

JAN

4

万年青

「万年青」と書いて「おもと」と読みます。

漢字から、植物の特徴を想像できることがあります。万年青は一年中、美しい緑の葉をつけ、冬になると赤い実が中心につきます。

しつらいにもそんな姿をイメージしつつ、赤い実のまわりに葉をくるくると巻きつけ、器の中に。足先が浸かるくらい水を入れたら、次の月が来るころまで楽しめます。

JAN

5

椿

茶の湯では、「一花三葉」といって、一つの枝には一輪の花と三枚の葉をつけると聞いてから、椿など、葉も際だって美しいものを生ける時はそうするようになりました。器と枝の長さによっては、五枚ということもあり、なんとなく奇数を意識してバランスを整えます。絶対の決まりというわけではないのですが、この「なんとなく」の感覚をこれからも大事にしていきたいのです。

JAN
6

ガレット・デ・ロワ

フランスでは一月六日にガレット・デ・ロワというお菓子を家族や友人たちと食べ、新年を祝います。このお菓子にはフェーヴという小さな陶器の人形やコインが隠されていて、フェーヴが当たるとその日は王様になれ、皆から祝福されるのです。最近は日本でもこの時期、ガレット・デ・ロワをよく見かけるようになりましたね。

JAN

7

七草粥

一年の無病息災を願う七草粥。セリ、ナズナ、ゴギョウ、ハコベラ、ホトケノザ、スズナ、スズシロの七草の粥は滋味深く、じつに良いものです。ホッとすると同時に正しい食というのを感じます。

お正月に食べ過ぎた胃腸を休める、とも言われますが、一理あり。

JAN

8

葉牡丹

年末からしつらえていた葉牡丹の、ガラスの中で揺らめく根っこが気になりだしました。命が繋がる力強い姿がとても愛おしく、まだしばらくこのままで楽しんで、もう少し根が伸びたら土に植え替えようと思います。

JAN
9

花寿司

小鯛の笹漬け、ゆで海老、コリアンダーの花、菜の花、イタリアンパセリの花、セルフィーユ、花穂紫蘇、紅たで。

小さな手まりにするお寿司は、まるでおままごとのような楽しさです。好みの素材をのせてキュッと丸めてみてください。

JAN
10

松のリース

松は「神を待つ木」だからマツと名付けられたと聞いたことがあります。常緑樹の松は神聖な木とされて、不老長寿の意味を持ちます。

そんなことを知ってから、新年には松の枝を1本、くるりと輪にしただけの潔いリースを作るようになりました。

JAN
11

力うどん

力うどんってすごい食べ物ですね。炭水化物on炭水化物です、ふふふ。鏡開きのお餅をあられのように揚げてうどんにのせます。揚げることでたぬきうどんのようなコクが出てとてもおいしいので、カロリーのことは気にせず、お試しあれ。

JAN

12

ナンキンハゼ

街路樹などでよく見かける落葉樹のナンキンハゼ。ひし形の葉がとても愛らしく、新緑の緑の色はみずみずしく、秋になるとオレンジ、紫、紅などのグラデーションで美しく紅葉します。でもいちばん好きなのは、冬になると弾けた殻から飛び出す真っ白な実。

ドライへと仕立てて、長く楽しみます。

JAN
13

みかんのサラダ

みかんがサラダに？　なんて驚かないでください。みかんも立派にサラダの主役をつとめます。それには唐辛子が脇をかためてくれることが必須。甘みのある韓国唐辛子とブロッコリーの花を添えて、粗塩とゴマ油をたらり。

JAN

14

餅花

明日、一月十五日は小正月。別名女正月ともいうのだそうです。

小正月のお飾りといえば、「餅花」。柳やミズキの枝に紅白の餅をとりつけて五穀豊穣を祈ります。

わが家で毎年作るときには、部屋の雰囲気に合わせて紅のお餅の色をほのかな色合いに。一緒にとりつけたフクロウのポチ袋は、苦労がなく幸せがやってくることを願って。

JAN
15

バニラアイスクリーム

一年の始まりの月。バニラアイスにチェリーで紅白におめかし。暖かい部屋で食べる冬のアイスクリーム、たまりません。

JAN

16

芽キャベツ

芽キャベツは甘みの強い冬野菜。ぎゅっと詰まった味をフリットにして楽しみます。

JAN

17

エディブルフラワー

ビオラはエディブルフラワーとして使われ、時に食卓を華やかに彩ってくれます。

ちなみに、エディブルフラワーとは、花を食材として用いること。また、食用に供せられる花のことです。

カリフラワーのポタージュ

白い野菜は冬の味。寒い時期に繰り返し作りたいポタージュです。

JAN

18

〈材料〉
カリフラワー　½個
玉ねぎ　½個
バター　15g
ローリエ　1枚
水　400ml
粗塩、オリーブオイル、ハーブ花
各適量

①鍋にバターを溶かし、玉ねぎの薄切りと小分けにしたカリフラワーを加えて、さっと全体を混ぜたら粗塩をふり、蓋をして弱火で15分蒸す。
②水200mlとローリエを入れて15分ゆっくり煮る。
③ローリエを除き、ミキサーにかける。とろみに応じて残りの水でのばし、塩で味を整えて弱火で温める。
④皿に注ぎ、オリーブオイルとハーブの花を添える。

JAN
19

蝋梅

近所のお宅に蝋梅《ろうばい》の大木があって、その姿が目に入る前から漂ってくる香りで花が咲き始めたことがわかります。

春はまだ先。でも植物たちがこうやって、少しずつその気配を知らせてくれるのです。

JAN

20

コーヒーと花

三六五日、おそらく毎日飲んでいるコーヒー。
毎日のものに季節の花を添えてみたら、新しい朝がやってきた。

JAN

21

翁草

本来は四月〜五月頃に咲く山野草なのですが、花市場にはいち早く春の花として並ぶ翁草《おきなぐさ》。外に出ると冷たいキーンとした空気に身が縮こまります。だから春が待ち遠しくて、市場に並んでいる姿を見つけるとつい自分のために買って帰らずにはいられないのです。

JAN

22

葉玉ねぎと葉っぱ

土の力を感じる野菜。じっくり火入れをして甘みをさらに引き出します。

白のブーケ

真っ白な水仙とアネモネだけで束ねたブーケ。

一年の始まりである一月は、親族などと互いに往来して仲睦まじくするところから、「睦月」となったといわれます。身近な人にそっと手渡したいブーケです。

〈材料〉
白房水仙
アネモネ

少し長めの白房水仙を中心に、アネモネと白房水仙を茎を斜めにして重ねていきます。

JAN
23

JAN

24

赤カブのおしんこと菜の花の昆布〆

赤カブをスライスし、塩でなじませます。お酢ときび砂糖、黄ゆずの皮を加えてぎゅっと密閉させ、重石をのせてしばらくなじませます。色合いのきれいな冬の浅漬けです。もうひとつは菜の花の昆布〆。こちらは初春の訪れを感じる一品です。

JAN
25

素揚げした芽キャベツ

ぎゅっと締まった芽キャベツの葉が、少し開くまで素揚げします。驚くほど甘く、ほくっとした味わいはやめられないおいしさです。芽キャベツ、好きになってしまいますよ。

JAN

26

八重咲きのチューリップ

うつむいて咲く姿が、なんとも愛おしい。

JAN

27

金柑

風邪予防に金柑。
大きなまん丸はまるで、冬の太陽。

JAN
28

クリスマスローズ

冬の間、さみしくなってしまうわが家の庭には、やさしい色合いのクリスマスローズを植えています。うつむき加減で咲く姿は、どこか恥ずかしがっている少女のようで、思わず覗き込みたくなってしまうのです。

そんなクリスマスローズの顔を見たいときは、花首で茎を短く切って浮かべるしつらいが、簡単でおすすめです。

JAN

29

鴨のロースト

鴨のローストはしっとり、やわらかく仕上げます。

〈材料〉
鴨肉　1枚
みりん　大さじ2と½
酒、しょうゆ、水　各大さじ2

①鴨肉の皮に格子に深く切れ目を入れ、塩をふってフライパンで皮目から焼く。
②ひと煮立ちさせた調味料に半日以上漬ける。80度の湯で15分ほど湯せんして温める。

JAN
30

菜の花

菜の花は、いち早く春を告げてくれます。寒かった冬からだんだんと暖かくなっていく気配を感じながら菜の花を料理する。春の訪れはいつの年もうれしいものです。

JAN 31

イチゴとクリームのサンドイッチ

焼きたてのおいしいバゲットにコンデンスミルクを入れたクリームと甘酸っぱいイチゴをサンド。外は寒いけれど、カゴに入れてピクニックに出かけたい気分。

FEBRUARY

FEB

1

エリカ

大分県の大神ファームから届いたジャノメエリカの花。

エリカの英名は「Heath」。イギリスの「ヒースランド」と呼ばれる荒野に生育しているのでそう呼ばれます。ヒースの咲く荒野は、『嵐が丘』をはじめとする小説の舞台としてたびたび登場しています。

FEB

2

卵とフライパン

卵焼き、目玉焼き、ゆで卵……卵料理は単純だけれど、ちゃんと作ると応えてくれます。

時間をしっかり計る、火加減を守る、それだけでも仕上がりはまったく別ものに。道具も然り。鉄のフライパンで作った目玉焼きは、それだけでごちそうになります。

たかが卵、されど卵、奥が深いのです。

FEB
3

文旦

水分の感じ、果肉と薄皮のはがれ方、ほどよい酸味、甘味……どれを取っても柑橘類の中で文旦のそれは絶妙です。

文旦の薄皮がきれいに剥ける気持ちよさといったら、ありません。私の中で文旦は断然、キング・オブ・柑橘!

ラケナリア

春咲きの球根花・ラケナリア。あまり馴染みのない花かもしれませんが、南アフリカ原産で、別名はアフリカン・ヒヤシンスです。

二月に入ると花市場には、色や咲き方もいろいろなラケナリアが本格的に並びはじめます。三種類のラケナリアの花に、淡いサーモンピンクのヒヤシンスを1本、ブーケのように束ねてそのまま生けました。

FEB
4

FEB
5

原種のチューリップ

二十代のころ、わずか10センチほどの原種のチューリップをはじめて見たときの、その可愛らしさの衝撃といったら……。以来、ずっと変わらないトキメキです。

FEB
6

ホットドッグ！

王道のホットドッグ、たまに食べたくなります。この時ばかりはジャンキーさをめいっぱい味わっちゃいましょう。

あ、でも少しのこだわりも。きゅうりのピクルスを細かく刻んでたっぷりと。このひと手間がおいしさにつながるのです。

FEB
7

ヒヤシンスの水耕栽培

十二月からはじめたヒヤシンスの水耕栽培、毎日の観察が日課です。

FEB

8

多肉植物

もともと好きで育てていたのですが、多肉植物のアレンジを手がける友人と出会ってからその魅力にさらに夢中になっています。

お恥ずかしながら、多肉植物はインドアグリーンとして育てていた私。友人いわく「多肉は外!」。なるほど、寄せ植えをしても少しずつ種類が減って、茎がヒョロヒョロしてしまったのは、太陽の光が必要だったからと再確認しました。

そもそも砂漠などで生息している植物ですから、たくさんの光が必要なのですね。その植物がどんな環境で育っているのかを想像するのは、上手に付き合う一番のヒントなのかもしれません。

FEB

9

花と器

花生けの際によく聞かれるのが、器選びについてです。もし迷ってしまったら、同系色の器を合わせてみる。白×白はもちろんのこと、黄色×黄色、赤×赤……色が強くなればなるほど、モダンな印象になるようです。

ミモザのリース

〈材料〉
銀葉アカシア（ミモザ）
ユキヤナギ
市販のリース土台　直径15cm

①ミモザの枝は10cmほどに切り分け、枝下3cmの葉を取り除く。
②土台の上面にミモザを1本ずつ、輪に沿うように、一定方向に差し込んでいく。
③土台の裏から飛び出た枝は表の面に向かって差し戻す。枝の先端部分は散らすように入れて、動きを出す。
④最後に、ユキヤナギを15cmほどに切り分けて、上からふんわりと絡めるように差し込む。

FEB
10

FEB

11

カルボナーラ

カルボナーラを外で食べなくなりました。若いころはベーコンの脂に濃厚なソースが太めのパスタに絡まって黒こしょうがたっぷり……と想像するだけでゴクリと喉が鳴るほどでしたが、今はあの濃厚さがやや重い。家ではクリームを控えめにして、ベーコンの脂も抑えて、と調節できますからね。時にライトなカルボナーラを楽しみます。

〈材料・2人分〉
パスタ　140g
卵黄　2個分
生クリーム　50ml
パルミジャーノ　20g
パンチェッタ　50g
黒こしょう　6g

①ボウルに卵黄、生クリーム、パルミジャーノを入れて混ぜる。
②パンチェッタはフライパンで脂が出てくるまでしっかり焼く。
③茹で上がったパスタを①のボウルに入れ、パンチェッタも加えて熱いうちに手早く混ぜ、黒こしょうを粗めにたっぷりと挽く。

FEB
12

リースのかけら

リースをつくると、枝から落とした葉や花などがテーブルの上に。それを、「リースのかけら」と呼んでいます。

ドライにして、瓶に入れたり、お皿にのせたり、ラッピングに添えたりと、続きの小さな楽しみ。

FEB
13

フェンネルと文旦のサラダ

フェンネルの茎はたおやかな芳香で、西洋の香りを感じます。フェンネルとオレンジを合わせたサラダは甘い香りが魅力。そこにイカやエビなど魚介が合わさるとなおのこと。でも、シンプルにフェンネルの香りを味わうなら、あっさりとした甘みの文旦がいちばんです。

FEB
14

食卓の花

小さな花生けだったら、置く場所を選びません。

ミルクピッチャーに生けたビオラの花は、先ほどまでキッチンの窓辺に。ひと休みのおやつ時間には窓辺から食卓の上に移して。その時の気分に寄り添ってくれるのも、花のある暮らしの喜びです。

FEB

15

チョコレート アイスクリーム

濃厚なチョコレートアイスは魅惑の味わい。

〈材料〉
ビターチョコレート　150g
牛乳　200ml
生クリーム　200ml
グラニュー糖　20g

①鍋に牛乳と刻んだチョコレートを入れ、弱火にかけてチョコレートを溶かす。
②ボウルに生クリームとグラニュー糖を入れて七分立てにし、冷ました①と合わせて混ぜ、バットなどに流して冷凍庫に入れる。
③途中で数回攪拌して空気を含ませ、エアリーな状態で冷やし固める。

FEB
16

ムスカリ

球根付き。
根っこごと楽しみます。

FEB
17

菜の花のかけら

野菜や果実の花はどれも愛らしさがあります。
菜の花のかけらはスープやサラダの上で可憐に咲いてくれます。

FEB

18

人参ポタージュ

人参、玉ねぎ、ミニトマトがベースのポタージュ。軽くてやさしい味わいが、寒かった冬から春に向かう体にぴったりと寄り添ってくれます。ポタージュをキャンバスに見立てて、菜の花を並べます。

FEB
19

ラナンキュラス・セントロベルティー

野菜みたい！

FEB

20

うれしいひととき

ちょっとした時間に、あったらうれしいもの。
コーヒーと本。
それと、花。

FEB

21

春色サラダ

ゆで卵の黄色に黄色い菜の花を添えて、春色サラダ。

フレンチマスタードにヨーグルト、オリーブオイルを合わせて塩でととのえたソースの上に、半熟ゆで卵を並べて、菜の花をあしらいます。

FEB

22

水仙

花と葉を別々にしていますが、これもまた一輪のしつらい。
葉をまとめるのに、紐の代わりにエンドウマメの蔓を巻きつけました。

FEB

23

ヒヤシンスのブーケ

香水の原料としても使われるほど、香りの強いヒヤシンス。ブーケに束ねて飾れば、甘くすがすがしい香りが部屋いっぱいに漂います。

〈材料〉
ヒヤシンス
クリスマスローズ・フェチダス
エンドウマメ

①ヒヤシンスは高さや向きをランダムにまとめる。
②そのまわりにクリスマスローズ、エンドウマメを囲うように束ねる。

FEB

24

ブーケガルニ

少しずつ残ったハーブを束ねて。
一期一会のブーケガルニ。

FEB
25

あさりとジャガイモの蒸し煮

ジャガイモ料理のおいしさは、ジャガイモの組織を壊すことが秘訣です。それによって食感が変わり、味わいに繋がります。ポテトフライも、まずはジャガイモを茹でて冷まし、茹でて冷ましを一、二回繰り返します。この工程が組織を壊すのです。そのあと揚げる、という仕上げをします。あさりとジャガイモの蒸し煮も、下ゆでしたジャガイモを使います。すると、ジャガイモがあさりの出汁をしっかりと吸って、なんともおいしい。ワインがほしくなるひと皿です。

FEB

26

春の花、イロイロ

家にあるガラスの小さな器に1本ずつ。
忘れな草、ラケナリア、クリスマスローズ・フェチダス、リューココリーネ、ビオラ。
リキュールグラス、薬瓶、ビーカー、ミルク瓶、グラス、。

FEB

27

春は黄色からはじまる

春一番に咲く花に黄色のものが多いことは知っていますか？　菜の花、タンポポ、それからミモザにレンギョウetc.

その理由は、虫が見つけやすい色だからとも言われます。植物は虫に受粉してもらって実をつけ、種を落とし、命を紡いでいくのです。ちなみに実ものに赤が多いのは、鳥が見つけやすい色だからとも。

季節の訪れを感じるのは、光と色から。春一番の黄色の花たちが咲きだすと、虫だけでなく私たち人間も、「春だー」って、なんだか心がうずうず動き出します。

FEB

28

ビーツ

ビーツをはじめて食べたのはいつのことだったでしょうか。なんだろう、この土の味！　と驚きましたっけ。料理した手は真っ赤に染まり、エプロンも所々に斑点が……。灰汁や色素で染まった手先を眺めると、なんだか料理しているなぁと実感できて、うれしくなります。

FEB

29

チューリップの唐揚げ

チューリップの唐揚げ。「え？　チューリップを揚げるのですか？」と聞かれた時は、答えに困ってしまいましたっけ。

骨のスティックにタイムの枝を巻いておめかしします。

MARCH

MAR

I

桜鯛

鯛のピンクは春そのもののよう。たっぷりのハーブでローストします。マジョラム、セージ、ローズマリー。ハーブを鯛の下にも上にもたくさんのせると蒸し焼きのようになって、白身がふわりと仕上がります。

MAR

2

桜鯛のロースト

白ワインとオリーブオイルと粗塩をふって、200度のオーブンで15分。たっぷりのハーブが鯛をおいしくしてくれました。シンプルだけれど、贅沢な春のひと皿です。

MAR

3

イチゴのリース

小粒のイチゴが可愛くて、すぐに食べるのがもったいなくなりました。テーブルクロスの上にハゴロモジャスミンのツルをくるっと巻いて、その上にイチゴを置いたらリースのよう。カモミールやゼラニウムの花も散らします。

しばし眺めて楽しんだら、おいしくいただきます。

MAR

4

春咲きグラジオラス

グラジオラスというと色鮮やかな夏の花のイメージですが、春に咲くこのグラジオラスは色合いもやさしくて、背丈も30㎝くらいと低く、花も小さめです。

フランスのアンティークの器に水を張り、縁に寄りかからせるように生けました。

MAR
5

フリチラリア

一度見たら忘れられない出で立ちです。やさしい雰囲気の草花や、バラやアジサイなどの身近な花も大好きですが、ときにはこんなマニアックな花も生けたくなるのです。器にみたてたのは、その昔ロシアで使われていたミルクを入れるための壺です。

MAR
6

ウグイスカグラ

ウグイスが鳴くころに花が咲きはじめることからその名がついたと言われています。

淡いピンクのラッパのような形の小さな花と、その細い枝ぶりがなんとも愛おしくて、グラスにひと枝そっと挿しました。

MAR
7

バナナのフリット

さてさて、何に見えますか？　じつはこれ、青いバナナのフリットです。皮が青くて硬いバナナ。皮をむいて、衣をつけて、じっくり揚げます。アツアツを頬張ると、ほのかな甘みにしっかりした果肉。お芋？　バナナ？　あれれ？　となるはず。仕上げにビネガーと粗塩とメープルシロップをかけると、あら不思議。おやつのような、料理のような。また食べたい！　となること間違いありません。

MAR

8

うるい

春の山菜。こごみ、うるい、タラの芽、こしあぶら……。挙げればきりがないほど山菜好き。味はもちろんですが、寒かった冬から、ようやく暖かくなる嬉しさを届けてくれて、季節を感じられるのがなにより好きなところです。

下ごしらえのたいへんなものもありますが、うるいは、なにもしなくて大丈夫。山菜初心者さんにもオススメです。

MAR
9

黄色のラナンキュラス

光がキラキラしてきたといっても、三寒四温の季節柄。まだまだ温度差のある毎日です。

体だけでなく気持ちもきゅーっと縮こまってしまったときは、黄色のラナンキュラスを生けてみてください。花持ちもいいですし、何より気持ちがパッと明るくなります。

草花のリース

〈材料〉
ミント
ローズマリー
ウエストリンギア
テウクリウム
オレガノ
カモミール
ビオラ　2種
マトリカリア
アカツルで編んだリース土台　直径12cm

①それぞれの材料を6～7cmくらいに切り分ける。
②土台の上面にカモミール、ビオラ、マトリカリア以外をバランスをみながら時計回りに、一定方向にしっかりと挿しこんでいく。
③最後にカモミール、ビオラ、マトリカリアの花たちをランダムに挿し込む。

MAR
10

MAR
11

ナポリタン

たまに無性に食べたくなるナポリタン。冷蔵庫にある材料でつくるのが気軽でカンタン。

今日はズッキーニにパンチェッタなんてオシャレな材料が冷蔵庫にありました。あと、玉ねぎは必ず、ね。

喫茶店に負けないくらい、おいしいナポリタンをつくりましょう。ケチャップ味のスパゲッティ万歳！

MAR

12

ビバーナム

蕾のグリーンは、やがて真っ白な花へ。
移り変わっていく様子を眺めながら、春の深まりを感じていくのです。

MAR 13

こごみとブルーチーズのサラダ

ワイン泥棒な春の前菜です。

〈材料・2人分〉
こごみ　10本
ブルーチーズ　20g
オリーブオイル　適量

①こごみはよく洗い、さっと茹でて水気をきる。
②皿に盛り、ブルーチーズをところどころに散らしてオリーブオイルをまわしかける。

MAR

14

花の宝石箱

庭の景色を移しかえるように、春いちばんに咲いた花たちを箱に詰めて楽しみます。ビオラやシレネ、テウクリウム。香りも一緒にハーブゼラニウム、ローズマリー、タイムの花。箱の中にはセロハンのシートを敷き、水を含んだ吸水性スポンジを入れて短く切った花を挿していきます。

MAR

15

いちごのアイスクリーム

〈材料・作りやすい分量〉
いちご　12粒
レモン汁　大さじ1
クリームチーズ　１００g
ヨーグルト　50ml
はちみつ　大さじ4
生クリーム　１００ml

①いちごはヘタをとり、フォークの背などでつぶす。
②やわらかくしたクリームチーズにヨーグルトを入れてよく混ぜ、生クリームも加えて混ぜる。はちみつ、いちご、レモン汁を順に加えてよく混ぜる。
③バットに入れて冷凍庫で冷やし固め、途中で1〜2回、ミキサーで攪拌する。

MAR
16

ボウルとマスタード

大きめの木のボウル。いつもサラダをわさっとよそっては、器の力はすごいなぁと思います。ただのサラダなのに、器のおかげでご馳走に見えてしまう。

今日のサラダはマスタード（からし菜）の花も一緒に盛りつけよう。出番を待つような姿が可愛い。

MAR
17

ラディッシュとバター

パリのビストロで山盛りのラディッシュとたっぷりのバターが出てきた時の驚きといったら。これが定番なの？　こんなにシンプルなものがメニューにあるなんて。なんだかすごく素敵。素材がおいしいと余計なものは要らないんだなぁ。頭のなかはそんな言葉がグルグルとめぐり、究極のシンプルさに感動したのを覚えています。

ラディッシュにとにかくおいしいバター、そして少しの粗塩。そこには組み合わせの妙がありました。

MAR 18

卵のスープ

〈材料・2人分〉

卵　1個
カツオだし　400ml
塩　適量
酒、薄口しょうゆ　各小さじ1
片栗粉　大さじ1

①濃いめのカツオだしをとり、温めて、塩と酒、薄口しょうゆで味をととのえる。

②倍量の水で溶いた片栗粉でとろみをつけ、熱々にして、溶きほぐした卵を上から流し入れる。卵がふんわりとしたら火を止める。

MAR

19

ゼラニウム

香りのハーブとしての印象が強いゼラニウム。実は、ローズゼラニウムやレモンゼラニウムなどの花は料理やデザートの飾り付けに散らし、エディブルフラワーとしても活躍してくれます。

見た目も可愛く香りも素敵、食べてもよしの三拍子揃ったスグレモノです。

MAR

20

スミレのはちみつ漬けとコーヒー

大人になってから飲めるようになったコーヒー。今日はスミレのはちみつ漬けと一緒に。

ほのかな甘みと香りは少女のころの気持ちを呼び覚ますようです。

MAR

21

赤いラナンキュラス

ずいぶんと前のこと。旅先のカフェのテーブルに真っ白なクロスが敷かれていて、そこに生けてあった一輪の赤い花がなんとも印象的な佇まいだったのが忘れられないのです。

MAR

22

紫のスカビオサとグリーンのオイル瓶

グリーンの透けるオリーブオイル瓶にはこの紫がよく似合う。直感のようにひらめく色としての印象。花を生けるときに大切にしている要素の一つです。

野の花のブーケ

春のはじまり。道端や野原の足元にちょっと目をやると、そこには可憐な草花が小さな花を咲かせています。そんな花たちを手で摘んで持ち帰ったようなブーケです。

MAR

23

〈材料〉
ゼラニウム
トリフォリウム・ドルフィン
ラベンダー
ヤグルマギク
カモミール
ハニーサックル

持ち手より下についている葉をすべて取り除きます。ゼラニウムとトリフォリウムの茎がしっかりとしているものから束ねはじめ、ラベンダー、ヤグルマギク、カモミールと華奢な茎のものへ。茎をまっすぐに、手前（自分側）に向かって花の位置が低くなるように階段状に束ねていきます。

最後にハニーサックルを入れて動きを出します。

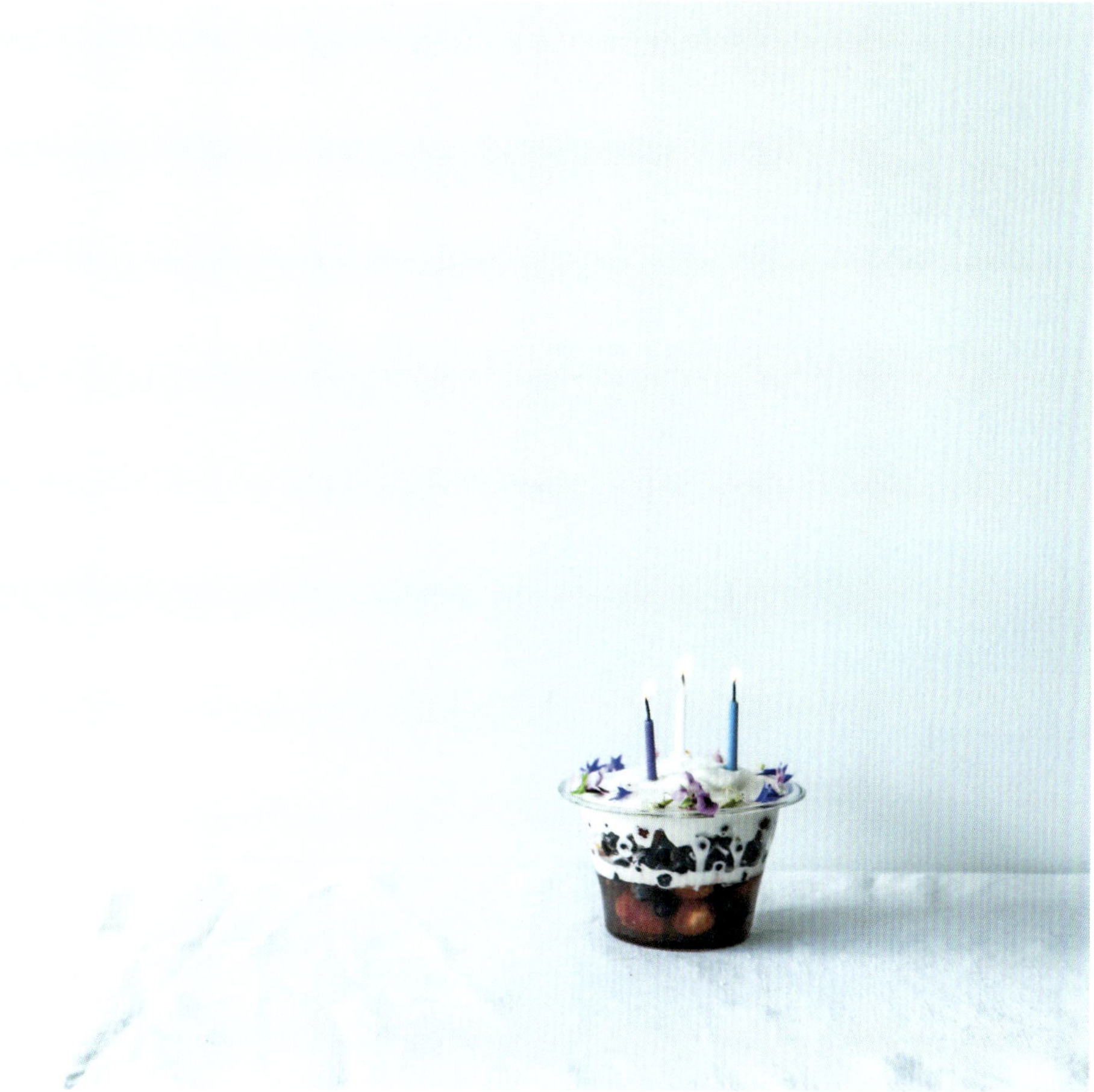

MAR

24

トライフル

今日は友人の誕生日。ガラスの器にベリーのジャムやカステラを入れてゆるめの生クリームをたっぷりと。冷蔵庫で冷やしておいて、あとでロウソク立ててお祝いしよう。

MAR

25

チーズと菜花

いろいろな菜花が出てくる季節。菜花と聞くだけで思わずニンマリしてしまいます。

オリーブオイルをたっぷりとまわしかけて鍋の蓋をして、オイル煮にするだけでほのかな苦味に青々とした味わいが生まれます。菜花のオイル煮は作り飽きることも、食べ飽きることもありません。ブリーのような白カビチーズともよく合います。

こういうひと皿が食卓の定番になるとうれしいものです。

MAR
26

バイモユリとオイル瓶

中国では七百年ほど前から薬として栽培されていたというバイモユリ。日本に伝わったときも、観賞用ではなく、やはり薬としてだったようです。

ちょっと尊敬の念を抱きながらバイモユリを一輪、古いオイル瓶に挿しました。

MAR
27

クリスマスローズのスワッグ

スワッグとはドイツ語で壁飾りの総称です。

私は生花として飾ったあとの続きの楽しみとして、よくこのスワッグを作ります。

季節や天候によって、すべての花が綺麗にドライになるわけではありませんが、すでにフレッシュな花を楽しんだ後ですから、むしろうまくいってくれたらラッキー！　という感じです。

というわけで、只今はこのクリスマスローズを実験中です。

スナップえんどうのミントバター

スナップえんどうは茹で時間を守ることがだいじです。沸騰したお湯で2分。これを守ります。水には取らずに広げて冷まします。そしてサヤを開きます。すると丸々とした豆がお出まし。サヤが開くと見た目もさることながら、味をキャッチしやすくなって、おいしさが増します。急いでサヤを開いたら温かいうちにバターを溶かして、おいしい粗塩をふり、ペパーミントの葉をちぎって散らします。スナップえんどうのサヤと豆にミントとバターがからまって、やさしいけれど記憶に残る味わいに。

MAR
28

MAR

29

おめかししたステーキ

ステーキを上手に焼くには、お肉と仲良くなることです。カンタンなようで難しい。これはシンプルなことには常についてまわる真理かもしれません。さぁ、がんばって！ステーキが上手に焼けたから、カラフルなエディブルフラワーで、今日は少しおめかししてみます。

MAR

30

小さくて、可愛くて

コーンフラワー
ゼラニウム
マスタード
ルッコラ

ハーブの花はどれも可憐。

MAR

31

きゅうりのサンドイッチ

きゅうりを塩漬けの桜の花と一緒になじませて、サワークリームをぬったサンドイッチ用のパンにのせます。甘い香りのディルも散らしてできあがり。カゴに詰めてお花見に出かけましょう。

APRIL

APR

1

グラスとハーブ

グラスを5つ並べて、ハーブなどの花を1輪ずつ。

器に数種類を生けるとなると、少し身構えてしまうかもしれませんが、ひとつの器に1本ずつはとても簡単です。

APR

2

ジューンベリーの白い花

わが家のシンボルツリーは、このジューンベリー。庭づくりをはじめて最初に植えた木です。毎年きまって桜（染井吉野）が散るころに、この白い花が咲きだします。変わることのない自然の摂理の中で、私たちは生きていることを感じるのです。

APR
3

デーツ

デーツのおいしさを知ったのは、イスラエルのお土産がきっかけでした。ねっとりとして甘く、濃厚な味わい。こんなにおいしいデーツははじめてでした。以来、イスラエルのデーツの虜です。

そんなデーツに、カリッとローストしたクルミと、おいしいバターをサンドすると、それだけで中国茶や台湾茶によく合うデザートになります。

APR
4

桜とお菓子

桜の季節にはあっさりとした和菓子が食べたくなります。こし餡に白豆の薄甘煮をひとつ包んでキュッと結びました。

お花見気分でお茶時間を楽しみます。

APR
5

アリウム・コワニー

くねっと曲がった茎。まっすぐでなくていい、花も人も愛嬌がだいじ！

APR
6

桜

まもなく桜も散りはじめるころ。生けた桜の枝にはやわらかい緑の葉が芽吹きはじめました。

桜は咲きはじめのころより、咲き終わりを迎えたまさに今の景色が美しいなぁ……と年どしに思うのです。

APR
7

カブのムース

春のカブは繊維が少なく、やさしい味わい。チキンスープと生クリーム、ミルクを合わせてやわらかなムースを作ります。仕上げには、フロマージュブランとカモミール。春らしい、可憐なムースができました。

APR

8

四つ葉のクローバー

見つけた人には、幸運が訪れるという四つ葉のクローバー。
4枚の葉はそれぞれに、希望・誠実・愛情・幸運を意味しているのだそうです。

APR
9

春巻き

春の素材、アスパラを春巻きに。1本そのままクルクル！とするのですが、アスパラと一緒にちりめんジャコをぱらり。旨味と塩気がプラスされて味わい深くなります。穂先を少しのぞかせて巻くのがポイントです。揚げたて熱々を頬張ってくださいね。

APR

10

アカツメグサのリース

両手に1本ずつアカツメグサの花茎を持ち、1本を軸にして2本目の茎をくるりと巻きつけます。その後は1本ずつ、花の首もとを押さえながら巻きつけていき、ちょうどいい長さになったら端と端を重ねて、茎で結び留めて輪にします。あまった茎は束の中に差し込んでおきます。

APR
11

卵入りの手打ちパスタ

基本の作り方はとてもカンタン。強力粉に卵を入れて、こねて、寝かせて、伸ばす。薄く伸ばしたら、好きな形にカットするだけ。ゆで時間もあっという間です。

市販の乾麺ばかりになってしまいがちですが、パスタが好きなら、ぜひ一度、手打ちパスタにチャレンジしてみてください。こんなにカンタンでおいしいんだ！　と感動するはずです。

APR

12

ツツジ

花市場でこの真っ白なツツジを見つけた時の〝清い〟印象を、そのままにしつらえます。

水の量はガラスのフラワーベースに3分の1が心地よいバランスです。

APR
13

ホワイトアスパラガスのサラダ

ホワイトアスパラガスは、むいた皮とレモン汁を一緒に入れてゆでます。ヨーグルトとフレンチマスタード、レモンの皮と粗塩を合わせてソースを作ります。ゆで上がりホワホワのホワイトアスパラにたっぷりソースをかけて、レモンの皮を削ってふり、さぁ、温かいうちに召し上がれ。

APR

14

マスタード壺と黄色の小花

春の小さな花たちをやさしく受けとめてくれる白い陶器。生けたのはマスタード色したキジムシロとアルケミラモリス、そして真っ白なフロックスです。

庭でガサッと摘んだ姿をそのままに。

APR

15

ラムレーズンアイス

ラムレーズンはパウンドケーキに入れると生地がしっとりとして、日ごとにおいしさが増していきます。甘くて濃厚なバニラアイスに添えても。ラムレーズンがおいしいと思うようになったのは、だいぶ大人になってからでした。

APR

16

チューリップ

誰かに花を贈りたくなったら、チューリップをおすすめします。だって、とっても可愛くって、誰もが知っていて、種類や色がたくさん。そして、球根花だからクタッとなってもすぐに水があがって元気になってくれるので、花の扱いに慣れていない人にも優しいのです。

APR
17

グリーンベル

細い茎に、風船のように膨らんだ黄緑色のガクをつけ、その先に白い小花を咲かせるグリーンベル。繊細な雰囲気のこの花には、薄いブルーのガラスをみたてました。

シンプルなしつらいの時にこそ、その器の背景にこだわりたくなります。ちなみにこれは、十八世紀のフランスで、樽ワインの試飲用ボトルだったもの。

APR 18

グリーンピースのポタージュ

鍋にバター15gを溶かし、薄切りにした玉ねぎ½個を入れてゆっくりと炒め、グリーンピース正味160gを加えてさっと混ぜます。タイム2~3本と塩を入れ、蓋をして弱火で3分蒸します。お湯を320ml注ぎ入れ、フツフツとしてきたら塩で味を整えて、ミキサーにかけて出来上がり。春のいっときしか味わえない青々しいポタージュです。

APR
19

ハーブの花

ハーブの花が可愛いことをお話しすると、意外にも「ハーブって花が咲くのですか?!」と聞かれてこちらの方が驚いてしまうこともしばしばです。植物なのですから、花が咲いて、実や種ができて、命は繋がっていきます。

ハーブはもともと、ヨーロッパの野原に生えている草花などです。ふだん、私たちが足元に見かけるような野草のように、その花の色合いはやさしく、暮らしにしっくりと馴染みます。

チェリーセージ
カラミンサ
レモンローズゼラニウム
メキシカンセージ
スイートミモザゼラニウム
ミセスキングスリーゼラニウム
コモンタイム
クエルシフォリウムゼラニウム

APR
20

ハーブティと スカビオサ

イタリアのサンタ・マリア・ノヴェッラといえば、いい香りのポプリが人気ですが、ハーブティも素敵です。茶葉の色合いも、水色も、香りも、うっとりとしてしまいます。

APR

21

ヤマブキ

フィンランドのマーケットで見つけたやさしいブルーの柄ものの器に、黄色のヤマブキの花を合わせました。反対色を合わせるのは、それぞれがお互いを引き立てるから。

APR

22

リエット

①豚バラ肉（ブロック750g）は5㎝角に切り、粗塩7.5gと黒こしょうをふって30分ほどおく。
②玉ねぎ（大½個）は横に薄切りにする。ニンニク1かけはつぶす。
③鍋にオリーブオイル、ニンニクを入れて火にかけ、香りが出たら玉ねぎと塩ひとつまみ、タイム2〜3本、ローリエ1枚を加えてしんなりするまでよく炒める。
④フライパンを熱し、①の豚肉を全面に焼きつけ、③の鍋に加える。白ワイン100mlと水400mlを注ぎ、強火にして15分煮ながらアクを取り除く。
⑤蓋をして、豚肉が柔らかくなり、ほぼ水分がなくなるまで弱火で煮込む。
⑥豚肉を取り出し、ミキサーに入れて、なめらかになるまでまわす。
⑦氷にあてて、よく練る。

APR

23

ラナンキュラスのブーケ

ベビーピンクのやさしいグラデーションで束ねたブーケです。束ね方はいたって簡単で、ラナンキュラスの花の位置に高低差をつけながら茎はまっすぐに。

APR
24

かますとディルのおむすび

昆布と梅干を加えて白米を炊き、焼いたかますの干物をほぐして、炊き上がったごはんに混ぜます。手に塩をつけて俵型に結び、刻んだディルの上で転がします。和のような、洋のような変わりおむすび。

APR

25

新玉ねぎのバルサミコ酢煮

鍋に新玉ねぎとバルサミコ酢を入れてフタをして弱火にかけるだけ。それだけ？　と驚くことなかれ。鍋の中は複雑な味わいになっています。トロッと濃度と甘みのあるバルサミコ酢を使うことが、おいしさにつながります。

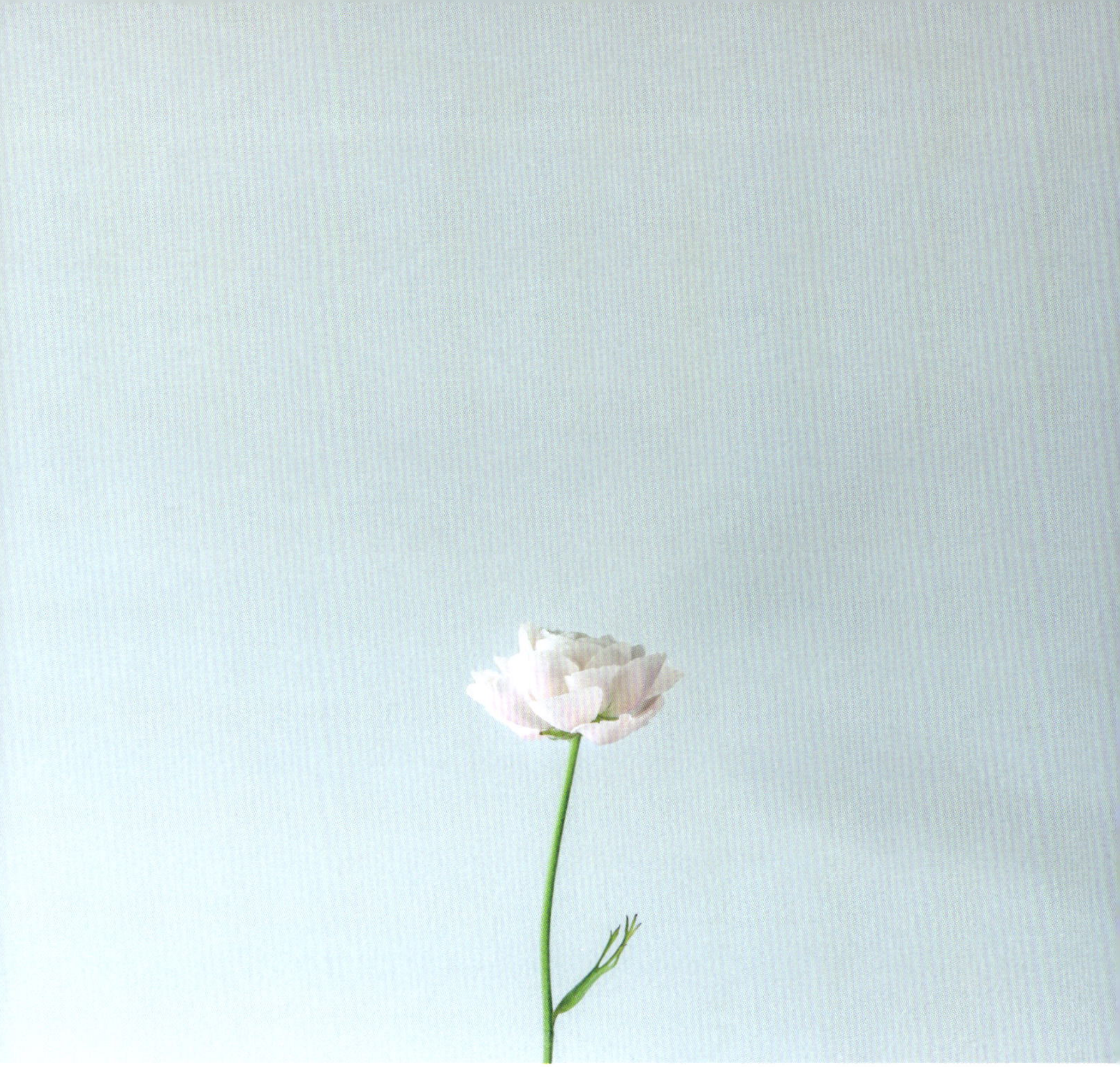

APR

26

一輪のラナンキュラス

ラナンキュラスの透き通るような花びらが幾重にもなっている姿はほんとうに美しい。

APR

27

いろいろなミント

調べてみたところ、なんとミントは
3500種類くらいあるのだとか
……。ものすごい交配力です！

グレープフルーツミント
オーデコロンミント
スペアミント
カーリーミント
マウンテンミント

APR
28

コデマリ
ヤマブキ
ライラック
コゴメウツギ

木々の枝先でふっくらとしていた蕾が、ひとつ、またひとつと咲き出すと、その後はもうあっという間に花開いていきます。

その姿はとても力強く、新緑の芽吹きとともに季節は初夏へと移り変わります。

もっと楽しみたいのに、春は毎年、足早に過ぎ去っていきますね。

APR

29

チキンカツ

ビフカツでもなく、トンカツでもなく、チキンカツ。鶏ムネ肉は、揚げるとパサつかずにおいしく食べられます。

パン粉は細かくすると、ムネ肉となじみがよく、食べた時に一体感が出るのでオススメ。ミントも素揚げにしてみると、爽やかな香りがより豊かに。

APR

30

白い花

白といってもいろいろなニュアンスの白があります。卵の殻の白、カプチーノの泡の白、さらさらの雪の白、レースのハンカチの白……。白い花でまとめたしつらいが無条件に好きです。

気づけば庭もいつのまにか、ジューンベリー、バラ、アジサイ、ヤマブキなど白の花ばかりです。

MAY

MAY

1

スズラン

どのくらい前に庭に植えたのか、もう覚えていないくらいなのに、毎年毎年、椿の木の根元から、その姿を見せてくれるかわいい子。

白く小さな花は葉に隠れるように咲きますが、その香りはとても魅力的で、バラやジャスミンと並ぶ世界三大芳香花といわれています。

別名は「君影草《きみかげそう》」。

MAY

2

木香薔薇

ご近所の黄色い木香薔薇《もっこうばら》が咲き出すと、いよいよバラの季節が始まる合図。蔓バラなので、塀いっぱいにからまって、小さく可憐な花をこれでもかというくらい咲かせます。花言葉は、「純潔」「初恋」そして「あなたにふさわしい人」。あなたにふさわしい人とは、蔓性の植物が何かに寄り添って伸びていくことからきているのだそうです。

MAY
3

そら豆

そら豆は季節を感じさせてくれる、いい素材だなぁと季節になるたびに思います。最近は旬がわかりづらくなって、冬でも枝豆やゴーヤーが並び、もともとは春の果物のイチゴが冬にわんさか出ていて、少し残念な気持ちになります。

でもそら豆は、その時期だけパッと顔を出し、さっと姿を消していく。その瞬間を逃したくない、と、心がはやります。

MAY

4

ドライフルーツとハーブのお茶

海外のお土産にもらったドライフルーツやハーブ。色合いだけを頼りに合わせてみたら、ほかにはない香りと味わいのハーブティが出来上がりました。

オリジナルのブレンドを楽しむのも良いものです。

MAY

5

ラフに生ける

へんな話なのですが、水仙を生けるときは上手に生けたくないな……と思うのです。がさっとラフな感じがいい。

ピッチャーの口元の空間が気になったのでボリジの花をあしらいました。

MAY

6

ヤングコーン

生のヤングコーンを見かけると、つい買いたくなってしまいます。トウモロコシの赤ちゃんのような姿はベビーコーンと呼ぶほうがしっくりくるかもしれません。

薄皮とひげ根を少し残して蒸し焼きにすると、旨みがぎゅっと詰まってとても甘い。薄皮とひげ根もコーンの味がします。やわらかいので、食べられます。

MAY

7

カレープラント

カレーっていろんな香辛料が混ざった匂いだと思うのですが、カレープラントは本当にカレーの匂いがします。植物の香りって、摩訶不思議です。

MAY

8

スイスチャード

黄色や赤の鮮やかな茎を持つ葉っぱ、スイスチャード。見た目は苦みがありそうですが、じつは酸っぱいのですよ。それも何気にけっこう、酸っぱいんです。おもしろいですね。

MAY

9

バラ・グリーンアイス

スプレー咲き（枝分かれ）のミニバラは1本にたくさんの花が付いているので、3本生けただけで華やかな印象になり、ちょっと得した気分です。

グリーンアイスという品種は、蕾のうちはうっすらと紅が差し、咲くと真っ白に。そして、さらに咲き進むと緑になる、花びらの色調変化の美しいバラです。

MAY

10

シンジュバのリース

〈材料〉
シンジュバ・アカシア
ユーカリ・グニ
ロータス
カレープラント
赤蔓で編んだリース土台　直径13cm

①それぞれの植物を7cmほどに切り分ける。
②土台の上面にシンジュバを1本ずつ、土台の輪に沿うように一定方向に挿し込んでいく。
③ユーカリ、ロータス、カレープラントをアクセントになるようにランダムに差し込んでいく。

MAY

11

冷たいうどん

初夏の暑さ。お昼ごはんは何にしましょうか。

稲庭うどんはつるつると喉越しがいいので暑い日は冷たい麺に。出汁を効かせて薄味に、そしてスダチを添えてさっぱりと。

セルバチコの花を散らして初夏をいただきます。

MAY

12

シャクヤク

フランスではこの美しい花をバラにたとえて、「聖母のバラ」と呼ぶのだそうです。

MAY

13

そら豆のサラダ

そら豆とバターは仲良し。素材には味の仲間というのがあります。そういう仲間を探すことも料理の楽しみです。

新鮮なそら豆は薄皮も食べられます。コリアンダーをちりばめて、この時期ならではの味を楽しみます。

MAY

14

スカビオサ
アストランティア
コリアンダー

やさしい気持ちになれそうな甘いピンクの色合わせには、銀彩の器で大人っぽい印象に。

花選びの基本は、まずは三種類から。三角形を作ることができ、三つ混ざり合うことで奥行きのある表情が生まれます。

主役の花にスカビオサ、脇役はアストランティアの花と、蕾をたくさんつけたコリアンダーの緑の葉。

MAY

15

文旦のアイスクリーム

旬を過ぎ、追熟させておいた文旦をアイスにしました。さっぱりとみずみずしいあっさり味のアイス。時に、果物は旬を過ぎても楽しみたいことがあります。そんな時は火にかけるなどして加工するのもひとつの方法。

旬の時期はそのまま。あとまで楽しみたい時は少しだけ手を加えると、長く楽しめるというわけ。

MAY

16

ハーブと深呼吸

ハーブの香りに癒やされたい時は、アロマオイルなどもいいけれど、私は食材のハーブをグラスにサラサラと入れて楽しみます。

深呼吸をしたくなるほどせわしない日々には、しばしば。キッチンで香りを楽しんだら、ゆっくりハーブティを淹れてリビングで、ひと息。急がずに、慌てずに。

MAY

17

ワイングラスと黄色のバラ

日々のさりげない楽しみは、一輪の花を飾ることからはじまります。

MAY

18

トマトのスープ

トマトがおいしくなってくる季節。トマト2個にかつおだし150ml、種を取った梅干しひとつをミキサーにかけます。ほどよい酸味でさっぱりとした初夏のスープのできあがりです。

MAY

19

庭の花たち

嬉しい日も、悲しい日も、庭の花を摘んで飾ってみる。
花はいつも私の心に寄り添ってくれるのです。

MAY

20

朝のブレンドティ

雨の日、快晴の日、やらなくちゃいけない仕事がいっぱいの日、ウキウキする日、いろいろな毎日があります。その日の気分に合わせて、たっぷりの紅茶で朝を過ごす。そんな、何気ない日課がけっこう、だいじだったりします。

MAY

21

チューリップシード

さあ、これはなんでしょう?
蕾のようにも見えますが……。
これはチューリップが咲き終わった
あと、実になった姿なのです。
生けて楽しんだら、そのままドライ
へと仕立てます。

MAY
22

シルバーのカトラリー

シルバーのカトラリーは口当たりがやわらかく、使い心地がよいものです。
レースのナプキンと一輪の花を添えて、おめかしも似合います。

MAY

23

ふんわり束ねたブーケ

淡いピンクの花たちにはシルバーグリーンの葉ものを合わせて、どこかノスタルジックな雰囲気のブーケに。

ライラックとレースフラワーを、茎をまっすぐにして手のひらにのせます。少しずらして2種類のバラを重ね、シラス、また2種類のバラと手前にずらしながら束ねていきます。柔らかい空気をまとわせるように、ふんわりと束ねます。

バラ・アブラハムダービー
バラ・ヴィンテージレース
ライラック
レースフラワー
シラス

MAY

24

ハーブサラダのしつらい

サラダを盛りつけていると、いつのまにか花をしつらえているような感覚をおぼえます。

ボリジ
フェンネル
カモミール
バジル
ゼラニウム

MAY

25

白のライラックと白のピッチャー

花との出会いは一期一会。そう、この白いライラックの花とも二度と出会えない。いつも新鮮な気持ちで向き合えることが喜びなのです。新しいものとの出会いにワクワクする気持ち、それは花が教えてくれたこと。

MAY

26

エスプレッソカップの一輪挿し

ちょっと遊びのある生け方はないかな……と、エスプレッソカップに二重に糸を巻きつけ、真ん中をクロスさせて花留めに。そこにスカビオサを一輪。

ふわっとレアチーズケーキ

MAY

27

クリームチーズをつかったどっしりタイプではなく、サワークリームとヨーグルトをベースにさっぱりとしたレアチーズケーキをつくります。ハーブを添えて爽やかに。

サワークリーム　180g
ヨーグルト　200g
生クリーム　100g
グラハムビスケット　60g
バター　40g
ゼラチン　9g
グラニュー糖　80g
レモン汁　15ml

MAY

28

バラ、バラ、バラ

好きなバラを一種類、ガサッとまとめて花屋さんで買ったときの、ちょっと贅沢な気持ち。でも、家の中ではカジュアルに楽しみたいから、あえて花瓶は使わずに、大きめのティーポットを花器にみたてました。

タコス

暑い時に食べたくなるオリジナルタコス。

〈材料〉
豚ひき肉　300g
ニンニク　1/4かけ
粗塩　適量
エスペレット　適量
オリーブオイル　大さじ1
赤玉ねぎ　1/6個
アボカド　1個
カッテージチーズ　適量
ライム　適量
ホーリーバジル　適量
フラワートルティーヤ　4〜5枚

①フライパンにオリーブオイルと刻んだニンニクを入れて火にかけ、香りがしてきたら豚ひき肉を炒める。バスク地方の唐辛子・エスペレット、粗塩で味をととのえる。
②赤玉ねぎは薄くスライスして塩水にさらす。
③フラワートルティーヤは別のフライパンか直火で両面焼く。
④トルティーヤに①と②、つぶしたアボカド、カッテージチーズをのせて、バジルとライムを添える。

MAY
29

MAY

30

ユーカリのブーケ

すがすがしい緑のブーケは、種類違いのユーカリを混ぜて、それぞれの葉の表情を生かすように束ねます。ハートの形のポリアンセモスは大ぶりで存在感があり、マルバユーカリはバランスをとってくれ、グニは小さな葉が風に揺れる様子が可愛らしい。リネンの布をリボンに見立てました。

MAY

31

あんトースト

あんトーストには冷たいバターをたっぷりと。あなたはこしあん派？つぶあん派？

JUNE

JUN

1

紫陽花からの便り

さぁ、紫陽花が色づきはじめました。
それは、雨の季節がまもなくやってくる合図。

JUN

2

アイスティ

ストレートのアイスティの美味しさを知ったら、暑い日はもうこればっかり。茶葉はなんでもいいわけではなく、ストレートに向き、なおかつ香りの良いものを探します。氷とエディブルフラワーやハーブの花を浮かべたら、ウエルカムドリンクにもなりますね。

JUN

3

ひと匙の幸せ

アメリカンチェリーとフロマージュブラン、そしてカカオニブ。ほんのひと匙で、幸せな気分になれます。

JUN

4

白いんげん豆のフムス

ひよこ豆でつくるフムス。今日は白いんげん豆でつくってみます。材料は、ゆでた白いんげん豆、白練りゴマ、塩、ほんの少しのニンニクとクミンパウダーにレモン汁。お豆をやわらかくゆでることがポイント。フレッシュなコリアンダーシードを添えてアクセントに。

JUN

5

山紫陽花

『万葉集』にも詠われ、古来から愛され続けている日本原産の紫陽花。ヨーロッパに渡り、品種改良が進んだため、とても華やかなイメージの花となりました。もともと日本の森や沢の近くに自生していた山紫陽花は、小ぶりで愛らしく、野趣あふれる姿に強く惹かれます。

JUN

6

水辺の景色

ひと雨ごとに植物たちが〝ぐんぐん〟と勢いよく成長していきます。気温も上がり湿気を帯びた空気に体がまだまだ慣れませんが、植物の視点で見てみると、とても大切な季節です。

この季節に取り入れたいのが、涼を感じるしつらいです。ガラスの器を二つ並べて水を張り、クレマチスの蔓やギボシの葉などを器の縁に沿わせるように。

最後に氷を浮かべれば涼やかなしつらいとなります。

JUN

7

粗塩とハーブ

フレッシュなマジョラム、セージ、バジル、タイム、イタリアンパセリの葉は粗めに刻んで、花穂を摘んで、粗塩に混ぜます。サラダに、一尾の魚の蒸し焼きに、ステーキに、熱々の茹でたてジャガイモに、ゆで卵に、と使い道はいろいろ。

JUN

8

シダ

雨の季節は、葉の緑の美しさにはっとさせられるのです。

JUN
9

キッチンハーブ

この季節、ちょっと臭いがこもるな……という時に、キッチンにハーブやまだ青い実ものを飾ります。爽やかな香りとともに、すがすがしい空気が広がります。

スイート・バジル
ブラックオパール・バジル
ワイルドストロベリー
ブラックベリー

スモークツリーのリース

〈材料〉
スモークツリー
紫陽花
シルバーキングワームウッド
アカヅルで編んだリース土台　直径13cm
地巻きワイヤー　茶#28

①スモークツリーは小さい枝ごとに切り分ける。それを3〜4本まとめて付け根のところをぎゅっと寄せながらワイヤーを巻きつけ、小さな束をつくっていく。この時、ワイヤーの両端は10cmほどの長さを残しておく。
②リース土台の隙間の二箇所に、ワイヤーの両端をそれぞれに通して、後ろでねじり留めていく。
③一周できたら、スモークツリーの葉、紫陽花、シルバーキングワームウッドを土台の隙間に挿し込んで仕上げる。

JUN
10

JUN

11

箱寿司

ちらし寿司の具材は自由に組み合わせましょう。バジルなどのハーブも酢飯によく合います。合わせ酢は酸味の少ない米酢にして、さらにスダチで爽やかさをプラス。今日の具材の主役はホタテの貝柱。やさしい味わいが広がります。

JUN
12

カナッペ

バゲットに自家製の梅ジャムとペコリーノチーズ。

フランスではブリアサヴァランというチーズに、カリンを煮詰めたパート・ド・コワンを合わせます。この組み合わせは、さすが王道です。それに倣ってではありませんが、六月に作った梅ジャムに相性の良いチーズを合わせてみました。

JUN

13

プラムのサラダ

プラム、ソルダムはさくらんぼと同様に六月の宝石。甘酸っぱいプラムをサラダに仕立て、ハーブ塩を添えて前菜に。初夏のテーブルが華やぎます。

JUN

14

梅シロップ

青梅、南高梅。六月の梅仕事は梅の熟し具合に合わせて進めます。まずは梅シロップ。なるべく糖分を控えめにして、すっきりとした甘みにするほうが暑い夏にはオススメです。

タイムやセージといった香りのハーブを仕上がり前につけ込んでも。爽やかさがプラスされたシロップができあがります。

JUN
15

ソフトクリーム

ソフトクリームは断然、ミックス派。チョコレートとバニラ、両方を楽しみたいもの！　と言ったら、その欲張りがダメなんだよー、と友人に言われたことがありましたっけ。それ以来、ソフトクリームはバニラで我慢?!　するように……。でも、個性的なハーブの香りを散らしてみたり。冒険心は失いたくありません。

JUN

16

ハーブの青い花たち

束ねてみたらブルー系の花ばかり。
外の光と色とかさなります。

ラベンダー
コーンフラワー
テウクリウム
セージ

JUN

17

柏葉紫陽花

庭咲きの柏葉紫陽花《かしわばあじさい》に合わせたのは、高知のまるふく農園からちょうど届いたカレーリーフ。

インド料理などで使われるカレーリーフは、日本ではまだあまり栽培されていないそうなので、この二種類の植物をつかった花生けはとてもレアな組み合わせ?!　となりました。

JUN

18

チキンポテトスープ

鶏肉と香味野菜でとったスープに大ぶりな野菜を入れて、塩だけで味付けしたシンプルなスープ。仕上げにイタリアンパセリの花を散らして。どこまでも澄んだ味わい。

JUN
19

花と水

花を少しでも長く愛でていたいとは、誰しもが思うこと。そのためにとても大切なのは水の管理です。いつもきれいを保つことはもちろんですが、水の量も重要です。

実はちょうど良い量は、それぞれの植物によって違います。紫陽花はとても水が下がりやすい植物なので、一輪でもたっぷりと。茎にたくさんの水分を含んでいる球根花は、逆に足先が浸かるくらいがちょうどいいという具合です。

最初は失敗もあるかもしれませんが、植物と付き合っていくうちに、自然に感覚として身につきます。

JUN
20

梅シロップソーダ

できあがった梅シロップは、いち早く味わいたいもの。爽やかさをさらにプラスして、レモンバーベナの葉など、ハーブをグラスに浮かべます。

JUN

21

プラム

短い旬を逃さずに、せっせと食べる。
プラムは肉料理にも合います。

JUN

22

アメリカンチェリー

外国の素敵なレストランで食後のデザートメニューを眺めていたら、「近郊農家からのチェリー」と書かれていました。コースの後に甘いムースやタルトは重いなぁ、としばしば感じていたので、こういうのって素晴らしいなぁと感激しました。白いお皿に葉っぱと山盛りのチェリーが運ばれてきた時のかわいさといったら。以来、旬の果物がデザートメニューにあるレストラン、信用してしまいます。

紫陽花とスモークツリーのブーケ

JUN

23

曇天の空、淡いベールがかかったような光にはアンニュイな色合わせが似合います。逆さに吊るしてこのままドライへと。

〈材料〉
紫陽花
スモークツリー
クレマチス

紫陽花の高さや向きをそれぞれにしながら、間にスモークツリーを入れてまとめます。その周りにふわりとクレマチスの蔓をからませて。

JUN

24

ジューンベリーのリース

なんでもね、
丸くしてしまえば
それはリースなんだよ。

JUN

25

面白いが大切

くねくねとした動き、面白い！
綺麗なだけでなく、そんな印象も花生けではだいじにしたいこと。

JUN

26

アーティチョーク

食べてしまう前に、しばし眺めて楽しみましょう。

JUN

27

ハーブクッキー

湿度の高いこの時期は、とにかく爽やかに、を心がけたいものです。レモンバーベナやレモングラス、ティーツリーなど香りの良いハーブを味方にして、お茶時間もゆったりと深呼吸しながら過ごします。

JUN
28

ラム肉

ラム肉はクセもありますが旨味も強く、栄養価も高く、脂肪は吸収されにくくヘルシー。

蒸し暑いこの時期、グリルにしてみませんか？　まずは常温に戻してローズマリーとタイム、ニンニクで香りづけ。

JUN

29

ラム肉のグリル

初夏はラム肉の登場回数が増えます。鉄分も多く、食べると元気がみなぎってくるようで、なんとも頼もしいお肉なのです。

JUN
30

雨色のしつらい

雨の日のしつらいは自然とブルーや紫の花ばかりになります。

JULY

JUL

1

間引きりんご

夏のファーマーズマーケットへ。かわいい間引きりんごを見つけました。酸っぱいりんごはチャツネにしても良さそう。でもこのかわいいサイズがわかるようにスライスして、サラダにしようかな?

ハーブのブーケはマーケットではお決まりの買い物。

JUL

2

胡蝶蘭とグリーンスケール

胡蝶蘭の原産は東南アジアの亜熱帯の地域です。暑い季節には、暑いところの花を生けたくなるもの。涼やかな印象のグリンスケールと合わせて、ガラスの器に水を張り、浮かべます。

JUL

3

アケビ

アケビは古くから日本では食用とされていて、果皮も果肉もどちらも食べられるのですが、私はもっぱら愛でるほうです。

実が紫色に熟す前（熟すのは九月ごろ）の、グリーンから少しずつ紫色へと変わりはじめるその色合いがとても素敵なのです。

JUL

4

ラベンダーの花束

中世のローマでは、ラベンダーの花を部屋に吊るして虫除けにしていたという話を聞いて以来、玄関の窓辺に掛けています。
窓を開けておくと、風で揺れるたびにいい匂いがしてきます。

JUL

5

小玉スイカ

小玉スイカってなんだか姿もネーミングもかわいいですね。

JUL
6

小玉スイカのサラダ

カットしたスイカにフェタチーズとバジルの葉をのせ、ラベンダー入りの粗塩とオリーブオイルをまわしかけます。スイカに粗塩と粗挽き唐辛子も、おススメの食べ方です。

JUL
7

カレックスとアンスリウム

夏は蒸し暑さを忘れさせてくれるような、涼を感じるしつらいを心がけます。

ガラスの器に水を張り、清々しい緑の葉を1枚浮かべるだけでも絵になります。

色付きのガラスのお皿に合わせたのは、細く長い葉のラインが美しいカレックスと真っ白なアンスリウム。

カレックスの実を器の縁に置き、その上からアンスリウムを重ね合わせます。

JUL

8

ホーリーバジルのブーケ

ナプキンとたこ糸で包んで、料理の好きな友人にプレゼント。

JUL

9

イワシのグリルとトマトのマリネ

〈材料・4人分〉
イワシ手開き　4尾
塩、薄力粉　各適量
オリーブオイル　適量
ミニトマト　16個
万願寺唐辛子　1本
しょうが　1かけ
レモン汁　大さじ1と½
バルサミコ酢　小さじ2
オリーブオイル　小さじ2
粗塩　適量
きび砂糖　小さじ1
バジルの葉　4〜5枚
香菜　適量

①ミニトマトは半分に切り、万願寺唐辛子は輪切りに、しょうがはみじん切りにする。ボウルに入れ、レモン汁、バルサミコ酢、オリーブオイル、粗塩、きび砂糖とよく合わせておく。
②イワシは塩をふってしばらくおき、ペーパーで臭みを抑えてさらに塩を軽くふり、薄力粉を薄くまぶす。フライパンにオリーブオイルを熱し、イワシをカリッと香ばしく焼く。
③皿に②を盛り、①をかけ、バジル、香菜の葉を添える。

JUL 10

イタリアンベリーのリース

〈材料〉
イタリアンベリー
シッサス・オバータ

シッサス・オバータをまるくして土台をつくります。
そこに、イタリアンベリーを絡めていきます。

JUL
11

ツルムラサキの冷やし中華

冷やし中華って無性に食べたくなる時があります。おいしい中華麺は常備してあるし、今日はツルムラサキの花穂が冷蔵庫にありました。あとは自家製のさっぱりダレを作るだけ。タレは米酢60ml、しょうゆ40ml、きび砂糖小さじ2、塩、黒こしょう各適量、ゴマ油大さじ1を蓋つきビンに入れて、よく振ってできあがり。

JUL

12

ツルムラサキの花穂

紫色の丸い花がなんとも可愛らしい、ツルムラサキの花穂。なかなか出会えないかもしれませんが、この時期ならでは。葉や茎同様、花もつるつるとして少し粘りがあります。

JUL

13

間引きりんごのサラダ

間引きりんごは薄くスライスして並べます。ハーブとビネガーをふって、前菜にいかがですか。

果物をサラダにするときはあまり手を加えずに。果物の酸味や甘味を感じて季節を楽しみましょう。

JUL

14

夏野菜のフリット

夏野菜がどんどんおいしくなるこの時期。米ナス、ズッキーニは切り方によって火の通り方、食感が変わり、印象がちがってきます。

大ぶりにカットして、ひよこ豆の粉とパプリカパウダーをつけて揚げ焼きに。カレーリーフを素揚げして添えれば、夏ならではのひと皿。夕暮れからビールや白ワインでいただきます。

JUL

15

プラムとソルダムのシャーベット

プラムとソルダムを六月の旬のうちにシャーベットにしておきました。小鍋にカットしたプラムとソルダム合わせて350gを入れ、グラニュー糖175g、水50ml、レモン汁5mlを入れて中火にかけます。果肉が煮崩れてとろんとしてきたら、火を止めて冷まします。袋などに入れて冷凍庫で冷やし固めます。

JUL

16

ハーブ

高知から届いたハーブたち。なんて素敵なのでしょう。おおらかに育った季節のハーブは、パッと水に放っただけでみずみずしくうっとりします。

キッチンやリビングでまずは眺めて、それから料理に使っていく。もう、それだけで贅沢な気持ちになります。

JUL

17

ベルテッセン

たくさんの種類があるクレマチスですが、その中でもお気に入りなのが〝ベルテッセン〟と呼ばれる鈴を鳴らすベルのような姿のもの。風に絡み合ったように、カップの中に生けました。

はらはらと花びらが散り落ちた姿も愛らしく、そのまま飾り続けて眺めます。

JUL

18

赤い夏のスープ

これは組み合わせを楽しむスープです。旬の赤いものを合わせてみました。

スイカ、トマト、紫蘇漬けした梅干、この三つだけで夏の味。アクセントにバジルを添えて。

スイカ400g、湯むきトマト1個、梅干大きいもの2個をミキサーにかけてできあがり。ジュースのようなスープです。

JUL
19

梔子

梔子《くちなし》の香りがどこからともなくただよってくると、いよいよ本格的な夏の到来です。

ちなみに、春は沈丁花、秋は金木犀。変わらずに巡りつづける、それぞれの季節の香りがあります。

JUL

20

フルーツサングリア

メロン、パイナップル、ハーブを白ワインに漬け込んで、夏のフルーツサングリア。
このままゼリーにしても良さそうです。

JUL

21

メロン

メロンのワタと種のところの果汁を捨ててしまっていませんか？　うーん……それはもったいない！　果汁はとっても甘くて濃厚。濾してしょうがの絞り汁と合わせて、今日はパッションフルーツの果汁も加えてくり抜いたところに戻します。果肉と一緒にスプーンですくえば至福の時が味わえます。粗塩と香りのタイムを添えてもまた、美味なり。

JUL

22

ジニアとハーブ

ジニアというと馴染みがないかもしれませんが、「百日草《ひゃくにちそう》」と言えば、懐かしい響きです。

百日草の名前の由来は、夏の間、次々と咲き続け、花期が長いことからだと言われています。

咲き方や花の大きさなど、たくさんの種類があるジニアですが、その中でも花が小ぶりの〝メキシカンカーペット〟は、ミントなど清々しい香りのハーブとともにこんもりと飾って楽しみます。

おそれ
入りますが、
切手を
お貼り
ください。

読者ハガキ

151-0051
東京都渋谷区千駄ヶ谷3-56-6
(株)リトルモア　行

Little More

ご住所　〒

お名前(フリガナ)

ご職業　性別　年齢　才

メールアドレス

リトルモアからの新刊・イベント情報を希望　□する　□しない

※ご記入いただきました個人情報は、所定の目的以外には使用しません。

夏草と乙女ユリのブーケ

ブルーや紫の涼しげな夏の草花と、乙女ユリをそれぞれ1本ずつ、さっと束ねたブーケ。

〈材料〉
乙女ユリ
ツユクサ
ピラミッド紫陽花
カンパニュラ
オカトラノオ
シダ

まずは、茎のしっかりとしたものから順番に。乙女ユリ、ツユクサ、ピラミッド紫陽花を、茎をまっすぐにして、手のひらの上にのせます、その上にカンパニュラとオカトラノオを動きをつけるように長めにのせて、最後にシダを重ねるように添えます。

JUL
23

JUL

24

ウドの花

ウドの花。じつは私もはじめて見ました。農家のおかあさんが、天ぷらにするとおいしいよ、と教えてくれました。

はじめて見るもの、聞くもの、まだまだありますね。

ラム肉アゲイン！

またラム肉登場！　です。今日はもも肉を使いましょう。400gのもも肉に、粗塩小さじ1、すりおろしニンニク少々、クミンシード、ターメリック、カイエンペッパー各小さじ$\frac{1}{3}$をまぶしておきます。

さて、仕上がりはまたページをめくってくださいね。

JUL

25

JUL

26

乙女ユリ

子どものころ、母に「好きな花はなに?」と尋ねたことがあります。その時の母の答えはユリでした。好きな人の好きな花を知っている!子ども心にとても嬉しくなりました。

JUL

27

浮かべるしつらい

暑い盛りには花の水が下がり、くったりしてしまったり、花首が折れてしまうことがあります。そんな時は思いきって花首を少しだけ残し、茎を短く切って、水を張った器の中にポンと浮かべるだけのしつらいをします。

シンプルなしつらいのときにこそ、ぜひ、器との組み合わせを楽しんでみてください。

七月になりアンニュイな色合いへと移ろってきたアジサイは、フランスのキュノワールと呼ばれる内側の貫入が雰囲気のある器を合わせました。

JUL

28

ダリア、バジル、フェンネルとカップ

たまには視線を変えて、真上から花を眺めてみるのも。花生けに遊びごころは欠かせません！

JUL

29

ローズマリーの香りとともに

さて、ラムグリルの出来上がり。下味をつけたラムもも肉をフライパンで焼きます。カラーピーマンも強火で焼いて粗塩をぱらり。ローズマリーの枝に刺して供します。

JUL

30

花カゴ

ワイヤーのバスケットも、中に「おとし」と呼ばれるガラスなどの器を使えば、立派な花器になります。オレンジの花びらが下向きに咲いているのは、エキナセア。実はハーブで、免疫力を高める効能があると言われています。他にもオレガノやバジル、ラベンダー、ミントなどのハーブを合わせました。

JUL
31

カツサンド

暑くても食べないと余計に元気が出なくなってしまいます。元気が出るように、カツサンド。

薄切りの豚モモ肉を重ねて衣をつけ、揚げ焼きにします。塩もみした紫キャベツとたっぷりのソースも。食パンはそのまま？　それともトーストしましょうか？

カツとキャベツをしっかり挟んで、大きな口で頬張ります。

AUGUST

AUG

1

桃

初夏から夏は果物の宝石が次々に。さくらんぼ、プラム、ソルダム、あんず、ブルーベリー、そして白桃！なんといっても私にとっては桃が一番です。産毛のついた薄皮を、手でゆっくりきれいに剥く瞬間からすでに、幸せな気持ちになります。

AUG

2

くるくる夏ハーブ

スウェーデン製のこのガラススタンドをはじめて見たとき、すぐに思い浮かんだのがこの生け方。器の縁に短く切った草花を、同じ向きにあしらっていきます。

今日は夏のハーブの花たちを。ミント、オレガノ、ゼラニウム、アマランサス……。透明なガラスに、爽やかな色と香り。足つきの器はテーブルとの高低差が生まれて、綺麗に見えます。

AUG

3

桃のコンポート

桃　2〜3個
水　400ml
白ワイン　100ml
グラニュー糖　100g
オレガノ　1本

鍋に桃以外の材料を入れてひと煮たちさせ、グラニュー糖が溶けたら火を止める。桃は半割りにして種を取り、薄く皮をむく。鍋のシロップに桃を入れ、オーブンシートをかぶせ、弱火で5分ほど静かに煮て火を止め、そのままおく（桃の柔らかさ、硬さで煮る時間を調整する）。オレガノ（分量外）を添える。

AUG

4

桃ゼリー

桃のコンポートの副産物、シロップでゼリーを作ります。シロップ400mlと、もどした寒天2分の1本分を鍋に入れ、弱火で混ぜながら煮溶かします。硬すぎず、とろりんとして、でもしっかり喉越しもよい状態を目指します。ゆるめのクリームを落としても。

AUG

5

ソーシエール

この白い器は、下のソーサーと本体がくっついている、フランスのアンティークのソース入れです。ティーカップのように別々にせずに、なぜ、くっついているのか、色々と調べたり、詳しい友人に聞いてみたりしたのですが、これという理由が見つかりません。

でも、実際に花を生けてみると、とても安定感があるのです。テーブルの上で取りわけるとき、クロスの上でソース入れを倒したくないですものね。

しつらえたのは、赤く色づきはじめたブラックベリー（この後、さらに黒くなります）と、ハニーサックル。蓋も添えて器の表情を楽しみます。

AUG

6

夏色ダリア

真夏の青い空の下、灼熱の眩しい光を跳ね返すような、力強いダリアの色。クレマチスのしなやかな動きに風を感じます。

AUG
7

ヒエ

ヒエはアワと並んで日本最古の穀物と言われているそう。その起源は縄文時代まで遡ります。名前の由来は「冷え」にも耐えることからヒエなのだとか。

しつらいも一つに束ねて、涼やかに。

AUG

8

エメラルドウェーブ

波打つような葉。観葉植物としてとても人気のあるシダ植物の仲間です。なかなか花が長持ちしないこの季節に、二ヵ月ほど楽しませてくれます。生ける時は足先だけ1、2センチほど水につけていれば大丈夫。

AUG
9

ガラスの器

夏のガラスは水の景色そのままに。

コスモス
アジサイ
イタリアンベリー
マジョラム

AUG 10

レモンユーカリのリース

〈材料〉
レモンユーカリ
アジサイ
オリーブ
マートル
ロシアンオリーブ
ティーツリー
セイヨウニンジンボク
アカツルで編んだリース土台　直径20㎝
地巻きワイヤー　茶#28

①アジサイ以外はそれぞれ長さ10㎝ほどに切り分ける。
②土台の上の面に、切り分けた植物を1本ずつ、土台の輪に沿うように内側から外側に向けて、一定方向に挿し込んでいく。
③アジサイは房ごとに切り分けて、ワイヤーを巻きつけて固定する。

レモンと青唐辛子のパスタ

青唐辛子は清涼感のある辛味なので夏にオススメ。レモンと青唐辛子の冷たいパスタは夏の定番です。レモン汁と刻んだ青唐辛子と粗塩をボウルに入れておき、茹で上がってしっかり水で締めたパスタを加えてオリーブオイルをいきおいよくまわしかけて、手早く混ぜます。これだけでもいいのですが、今日はコリアンダー、セルフィーユ、イタリアンパセリ、ミントを軽く刻んでたっぷりとのせて仕上げました。このパスタは、レモンの酸味も青唐辛子の辛味もお好みです。分量はすべて適量！　それでも必ずおいしくなります。好みの割合を見つけて、爽やかなパスタを召し上がれ。

AUG
11

AUG
12

オイルサーディンの缶詰

海外に行くと可愛いパッケージの缶詰をついつい買ってしまいます。いわゆるジャケ買いです。

同じことを思う友人がまわりに多いのか、缶詰のお土産をもらうこともしばしば。このオイルサーディンは、どこのお土産だったかしら？

AUG
13

サーディンサラダ

パッケージの可愛さから、なかなか開けられず、賞味期限を切らしてしまうこと、あります。

（開けてしまうのは）もったいないけど、（ダメになってしまったら）もったいないないので、開けておいしくいただきます！

サーディンを鍋に入れ、フレンチソレル、イタリアンタンポポ、ナスタチウムなど少しばかりクセのある葉っぱと一緒に、オイルと塩で蒸します。輪切りにしたトマトと黒こしょうを添えて温かなサーディンサラダの完成です。

AUG

14

向日葵

花が太陽の動きを追って回る「日回り」が、その名の由来だそう。まさに、太陽の花。

AUG
15

レモン氷

シャーベットでもグラニテでもなく、レモンの味の氷です。

レモン汁とグラニュー糖と水を煮つめて冷やし、ミントとレモングラスを合わせて清涼感を持たせ、凍らせます。

フォークでガリガリ、ガリガリ。空気を含ませて透明から乳白色になれば、食感もふわりと仕上がります。

AUG
16

カラーとセイヨウニンジンボク

通称〝くるくる〟と呼んでいるしつらいです。

カラーは半日ほど水に浸けずにおくと、茎が曲げやすくなります。水を張った器の縁に茎を沿わせるようにしながら、花を器の中に。この時、花は水に浸からないように気をつけます。

セイヨウニンジンボクをカラーの茎に沿うようにして、器の中心をあけ、夏のリースのように仕立てます。

ひょうたんガーランド

夏の壁飾り。風に揺れる姿に涼を感じます。

ひょうたん
ハーブ
ミント
バジル
マジョラム
オレガノ
フェンネル
e.t.c.

AUG
17

AUG
18

トウモロコシのスープ

トウモロコシのスープはもう何度、作ったことでしょう。トウモロコシの粒を外して、芯もいい出汁が出るので一緒に入れて、ヒタヒタの水を注ぎ粗塩をふって蓋をして、弱火で10~15分。芯は取り除いてミキサーにかけ、ザルでさらに濾します。濃度はお好みですが、水でのばしてサラサラにしても夏向きです。今日はゼラニウムの花をあしらいました。

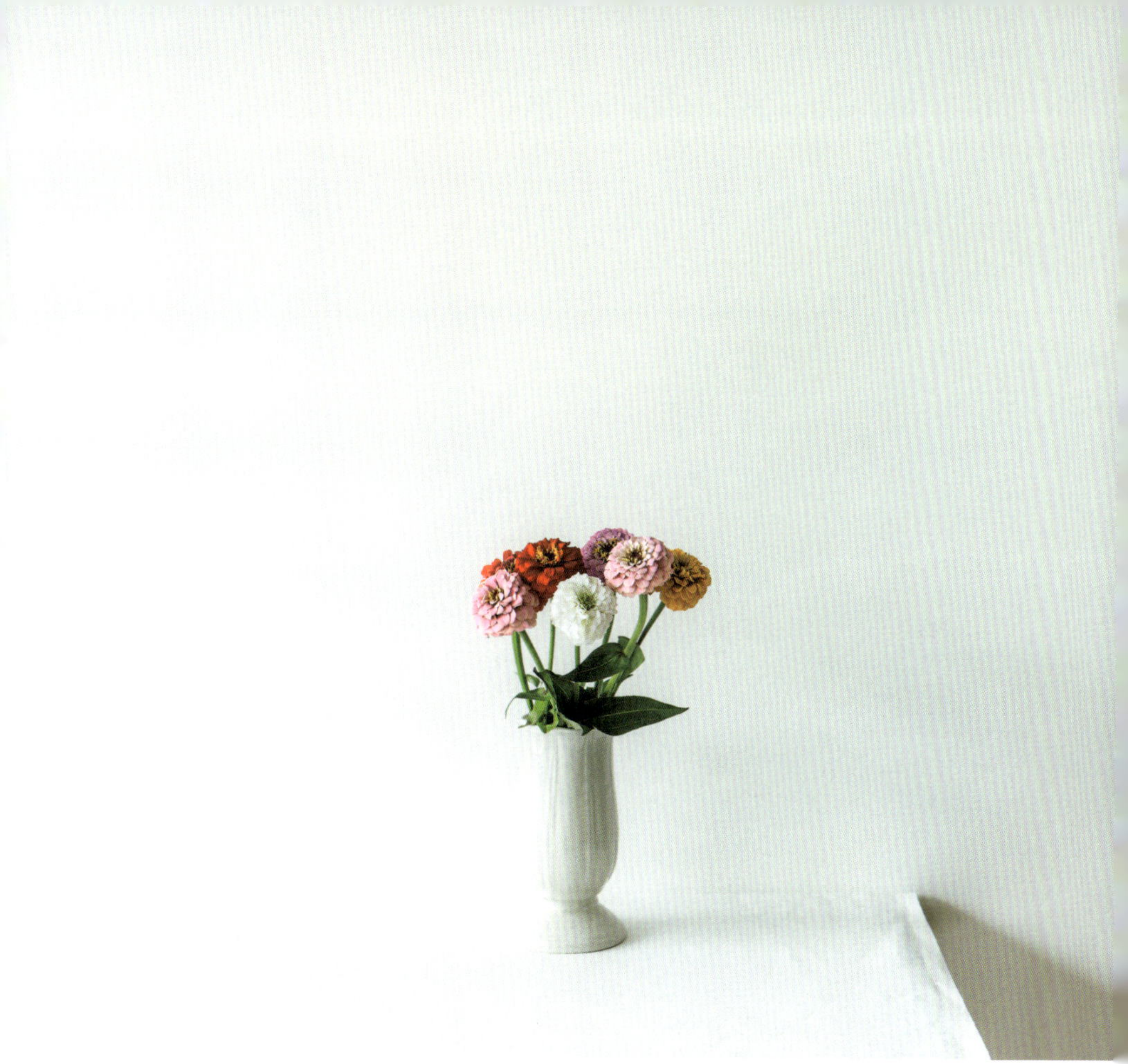

AUG

19

絵画のように

ぽってりとした器から、すっとまっすぐに伸びる茎、その先にぽこぽことまん丸の花が咲いているような。いつか目にした絵画のような。花生けのイメージを膨らませるのに、画集を手にすることがあります。

パキスタンレモンのシロップ

AUG
20

「パキスタンレモン」、聞きなれない名前ですが、私が知ったのも数年前のこと。石垣島のヨーガンレール農園から、分けていただいたのがきっかけでした。

大きくて、レモンというより小さな冬瓜のような形と色合い。黄色ではなく青みがかっています。

楽しむべきは、果汁よりも皮と白いワタの部分、というのが面白い。サクサクとしてなんともいえず、おいしいのです。

輪切りをシロップ漬けにして、果肉も楽しみます。

AUG
21

パキスタンレモンシロップのソーダ割り

パキスタンレモンのシロップを
レモンバーベナの葉とともにソーダ割りに。
夏日の昼下がり、至福の時間。

AUG

22

ハーブのスワッグ

夏の壁飾りは軽やかに。フレッシュなハーブや実ものを使ってつくり、飾りながらそのままドライへと仕立てていきます。

AUG

23

サマーグリーンのブーケ

夏のウエディングブーケには、真っ白な夏の花と色濃くなった緑の葉も の、まだ色づく前の青い実ものも合わせて。

〈材料〉
ピラミッドあじさい
ジュズサンゴ
コスモス
ノブドウ
ヘクソカズラ

ピラミッドあじさい、ジュズサンゴを茎をまっすぐにして手のひらにのせます。コスモスは少し高めの位置にいれ、ノブドウとヘクソカズラの蔓は外側から中心に向かって絡めます。

AUG

24

マタタビ

夏の山を訪れると、そこだけ雪が降ったかのように、植物が群生していることがあります。おそらく、それはマタタビです。

ペンキを刷毛で投げつけたように、葉が不規則にところどころ白くなる姿がとても涼やかです。

夏の枝のしつらいは、たおやかに、のびのびと。

AUG

25

ありのままの姿

雨にうたれ、風に吹かれ、花びらが傷ついても、夏の終わりを告げるような花の姿は、とても凛としています。

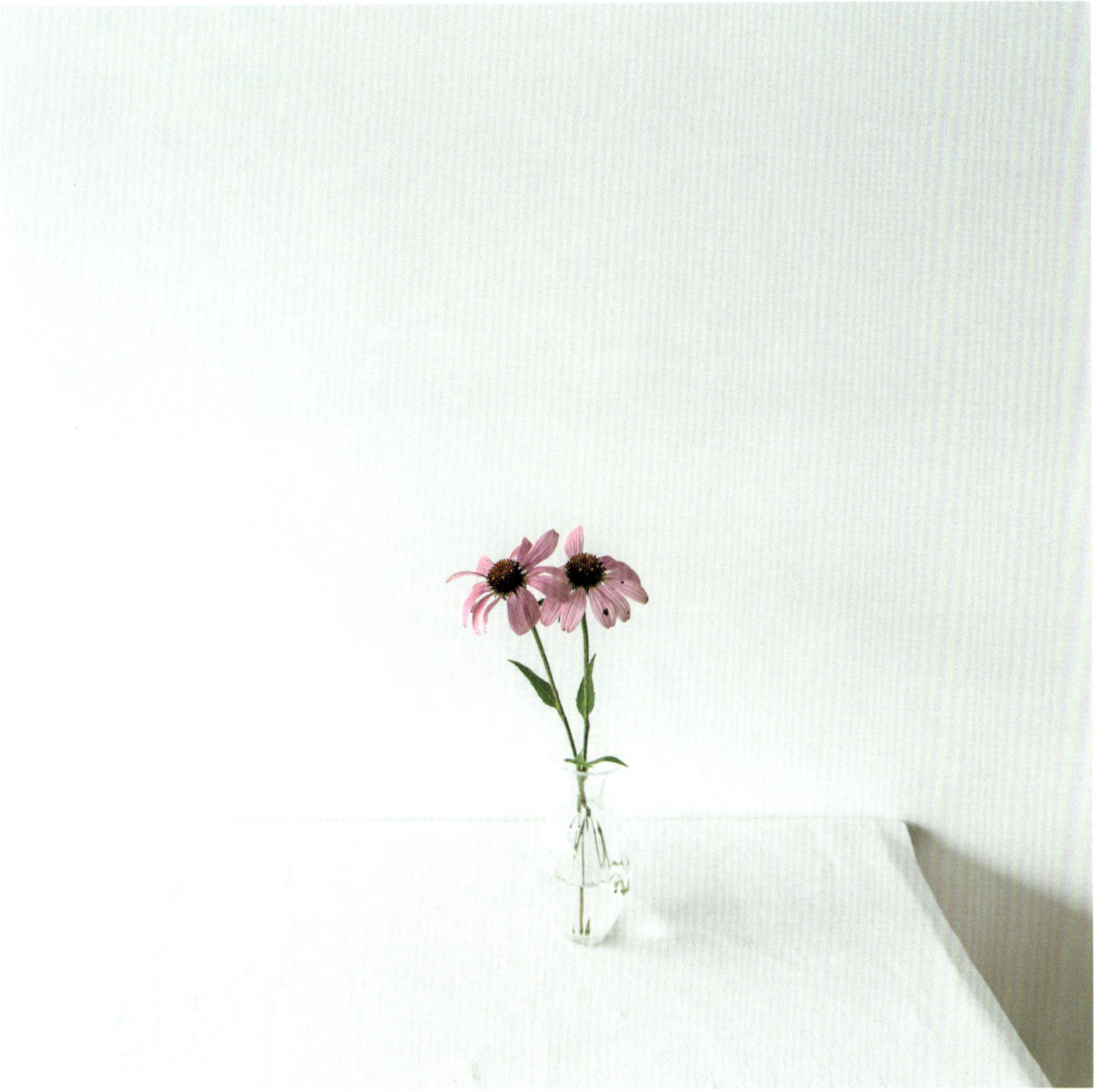

AUG

26

ケイトウ

鶏のトサカに姿が似ていることから、「鶏頭《けいとう》」と名付けられたそうです。英語名も「plumed cockscomb」です。熱帯地方が原産の花ですが、日本との関わりは古く、奈良時代から親しまれているのだとか。

花色は赤、黄、紫、ピンクなどのはっきりとした色の他にも、ベージュなど上品で淡い色合いもあります。ベージュのケイトウにはアンティークの色付き瓶を合わせました。

AUG

27

花ニラ

旬の花ニラを目にしたら、それはもう、香味醤を作るしかありません。保存がきき、いろいろな料理に活用できます。

AUG

28

香味醤

花ニラ、しょうが、青唐辛子。これらを細かく刻んで全体総量の8パーセントの塩で塩漬けにします。清潔な瓶に入れて時々混ぜながら二週間、発酵させます。その後は冷蔵庫の野菜室で保存しながら使います。炊きたてのごはん、焼いた豚肉、ラム肉、牛肉、餃子の中身の隠し味、炒めもの、スープの味だし、和えもの、ドレッシング、つけダレ、ガスパチョなどなど、用途をあげたらキリがないぐらいです。

AUG
29

ソーセージのグリル

焼くことで生まれる香ばしさは、夏の味覚。外で食べるバーベキューは、まさにそれがおいしさです。

夕暮れから七輪で肉や魚や野菜を焼いて楽しむことも、この季節の楽しみ。

粗挽きのソーセージを強火で焼いて、脂もジューシーに。ズッキーニのサラダはほんの箸休め。

AUG
30

ダリア、ダリア、ダリア

自然に咲く姿を想像しながら、花の向きをいろいろに。
上から見下ろしたり、下から覗き込むとまた違った表情が見えます。

AUG
31

ハムサンド

サンドイッチは変化球より、直球が好み。なかでも王道のハムサンドはテンションが上がります。しっとりとしたハムをバターたっぷりの食パンにサンド。パンに挟むのはハムと、あとはなるべくシンプルに。ハーブはパンの上にサラダのように添えて。ナイフとフォークでいただきます。

SEPTEMBER

パンケーキ

パンケーキって、なんでこんなにときめくのでしょう。朝、パンケーキを焼いた日は、その日いちにち楽しく過ごせそうです。

基本の生地は、ボウルに卵を割りほぐし、牛乳を注いで混ぜ、ベーキングパウダーを合わせた薄力粉をふるって加え、泡立て器で混ぜて、最後に溶かしバターを加えます。

〈材料・作りやすい分量〉
卵　1個
牛乳　85ml
薄力粉　100g
ベーキングパウダー　3.5g
溶かしバター　20g

SEP 1

SEP

2

ホワイトガーデン

もうずいぶんと前のことですが、イギリスに庭めぐりの旅に出かけたことがありました。そのとき訪れたシシングハースト・キャッスル・ガーデンにある「ホワイトガーデン」の美しさを、今でも時おり思い出します。

その名のとおり白い花を中心に、シルバーグリーンなどの葉の色合わせが素晴らしく、この庭に心惹かれない人はきっといないでしょう。ホワイト×グリーンは永遠のコンビネーションです。

SEP

3

葡萄とチーズ

チーズとフルーツは最高においしい
組み合わせ。
あとはおいしいワインを用意して、
ゆったり時間。至福の時間。

SEP

4

バラとローズマリー

それぞれのよい香りがとけあったら、どんなふうになるのだろうと想像しながら。

SEP
5

リコリス

深く印象に残る色のリコリスは、あえて他の花を混ぜずに、シンプルに生けます。
まっすぐに伸びる茎の美しさを生かしたくて、思わず手にしたのはガラスの器です。

SEP
6

クサボタン

雑草という名の花はありません。すべての植物にはそれぞれに名前があって、名前を知るとまたその植物にぐっと興味が湧きます。

道端で気になる植物があると、すぐに写真を撮り、後から調べます。そのときに、必ずチェックするのが原産地。その花の育った景色を想像すると、育て方や、花生けの際のヒントになるからです。

クサボタンは葉の形がボタンの葉のようであることが名の由来といいます。原産地は日本の山地や草原など。まだまだ蕾なので、これからどんどん花が咲いてくるのが楽しみです。

SEP

7

一本ずつ

簡単だからいつもの習慣に。
家ではほとんどが一輪ずつの花生けです。

アメジストセージ
ツキヌキニンドウ
コスモス

SEP

8

フェイジョア

表と裏、さぁどっち?

裏:シルバーグリーン

表:オリーブグリーン

SEP
9

バターナッツ

バターナッツって知っていますか？最近、よく見かけるようになりました。ポタージュにも、ローストにも向いています。

半割りにして種を取り除き、200度のオーブンで40分ほど焼きます。あとはお好みでオリーブオイルや粗塩を。今日はレモンマリーゴールドを添えて。

SEP
10

ハーブの花かんむり

ウェディングで花嫁さんにリクエストされることの多い、花かんむり。作っているあいだじゅうハーブの香りが広がって、とても癒されるかんむりづくりの時間です。

SEP

11

ズッキーニのパスタ

ズッキーニは生もおいしいけれど、とろっとろになるまで火を入れるとまた新たな味わいが生まれます。夏の終わり、秋の始まりのこの時期は、とろとろに煮て使うのがオススメです。薄切りの玉ねぎとズッキーニをオリーブオイルで煮ていくだけ。パスタに、チキングリルに……。

セージのブーケ

SEP

12

セージについて調べてみると、たくさんの効能や効果が出てきます。五感を活性化させるという効能をたよりに、私も疲れ気味のときにはセージのハーブティをよく飲みます。

セージの別名「サルビア」はラテン語で〝治療〟を意味するサルバーレ(salvare)からきていて、「セージが庭で育っているのに、なぜ死ぬのか?」といったことわざもあるとか。古来より人々の治療や命と結び付けられているのですね。

セージは優れた効能ばかりでなく、その姿もとても魅力的です。あまり花は注目されていないかもしれませんが、赤、紫、ブルー、ピンク、黄色など、色もたくさんあり、咲き方もさまざまです。そんなセージの花ばかりを束ねてみました。

クスクスのサラダ

最近、はまっているクスクスのサラダ。オイルと粗塩だけのシンプルさなので、タブレと呼ぶにはオリジナルすぎますが、スプーンですくってごはんのように、パクパクたっぷり食べたくなります。

クスクス60gに粗塩、オリーブオイルをさっとかけて60mlの熱湯を注ぎ、蓋をして7分おきます。スプーンでクスクスをほぐして、あとの具材はなんでもよいのですが、今日はカリフラワー、ラディッシュ、ミニトマト、せり、イタリアンパセリ、ディル。塩気にケイパーや生ハムを。すべて小さめ、細かくカットしてクスクスとなじませます。全部混ぜて、粗塩で味をととのえます。塩気にちりめんじゃこもとても合います。

SEP
13

SEP

14

銀木犀のゼリー

銀木犀の花を閉じ込めて。こんなリングやピアスがあったらいいな。

SEP

15

オレンジアイスティ

オレンジ果汁にストレートの紅茶を注ぐと、二層になって綺麗なオレンジアイスティができます。

はじめてその味を知ったのは、高校生のころに通った喫茶店でした。おいしくて、いつもオレンジアイスティを頼んでいましたっけ。

二層になるのは重さの関係。上から紅茶をゆっくり細く注ぐとできます。残暑厳しい今日は、オレンジ果汁を凍らせて、紅茶を注いでみます。

SEP

16

暑い日はオレンジシャーベットで

オレンジシャーベットを溶かしながら、紅茶の香りを楽しみます。シャーベットが溶けてゆくごとに味わいが変わって、最後まで楽しめます。

SEP

17

散りぎわのダリア

終わりを告げるその姿もずっと眺めていたくなるダリア。

このあとは、ハラハラと落ちた花びらを集めて、ボールに水を張り、浮かべて、最後の最後まで楽しみます。

焼きなすのポタージュ

なすは蒸しても焼いても、炒めても、本当に万能な食材。今日は秋なすを焼いてからポタージュにします。

〈材料・作りやすい分量〉
なす　5本
レモン汁　小さじ2
生クリーム　20 ml
塩　適量
赤ミント　適量

①なすを丸ごと、網か250度のオーブンで皮が焦げるまで焼く。粗熱を取り、ヘタと皮を取り除き、レモン汁をふる。
②ミキサーに①と水200 ml、生クリーム、塩を入れて滑らかになるまで攪拌する。
③器に盛り、赤ミントを添える。

SEP
18

SEP

19

もこもこ

空が高くなってきて秋の気配を感じると、自然ともこもこした姿のケイトウの花を手にしてしまいます。植物とは無意識下で通じていたいと思います。

SEP

20

銀木犀ソーダ

銀木犀のシロップをゼリーに寄せて、炭酸水で割って、喉ごしの良いドリンクに。

ほんのり甘く、やさしい味わい。

SEP
21

花生けのあとの景色

美しい余韻に、片付けの手が止まります。

SEP

22

スズメウリ

そろそろ実もののしつらいが楽しくなってきます。
シェーカーボックスには、スズメウリとニッキの葉を。

SEP

23

ダリアと
ヨウシュヤマゴボウの
ブーケ

色合いの妙……なんて思わず口にしてしまいたくなる、色づきはじめたヨウシュヤマゴボウの紅い葉と、ダリアの花を組み合わせます。

ダリアとヨウシュヤマゴボウは、茎を長めに残して束ねます。ガラスのデキャンタを花器にみたてて。器の中の水の量は茎先が浸かるくらいに。

SEP

24

一輪のバラ

ただただ、愛おしいのです。

SEP

25

花の終わり

散りぎわの花は、花の終わりが新しい季節へと繋がっていることをおしえてくれます。

SEP
26

赤とシルバー

潔さと力強さを。

SEP

27

秋の果物料理

秋の果物が出回り始めました。ぶどうやりんご、柿や梨。秋の果物は料理に使えるものがとても多いのです。果物料理に挑戦してみませんか?

SEP

28

スペアリブとぶどうの蒸し煮

豚スペアリブ　700g
ぶどう（2〜3種類）　1房分
ドライアプリコット　4枚
レーズン　20g
ペコロス　8個
ニンニク　1かけ
ローズマリー　2本
粗塩、黒こしょう　適量
赤ワインビネガー　大さじ2と½
オリーブオイル　20ml
白ワイン　50ml

①スペアリブに粗塩、黒こしょう、ローズマリーをまぶし、赤ワインビネガーをふってしばらくおく。
②厚手の鍋にオリーブオイルとニンニクを入れて熱し、①を焼き付け、つけ汁も加える。
③火を止め、ドライフルーツと小房にわけたぶどう、ペコロスをのせて、白ワインを回し入れ、蓋をして中火弱で1時間蒸し煮にする。

SEP

29

ぶどうと葡萄

スペアリブとぶどうの蒸し煮ができあがりました。お皿も葡萄柄!? 二百年ほど前のフランスのプレートです。時に柄もののお皿も良いものですね。

煮込み料理がうれしい季節の到来です。

SEP

30

カボチャ

カボチャといえば、ハロウィンのイメージですが、これがカボチャ？と、一見なんの実かわからないような種類が増えてきたように思います。まだまだ気温の高い最中、やわらかな色合いにホッとします。

OCTOBER

OCT

1

チョコレート

チョコレートは魅惑的。艶やかでなめらかな舌触りに酔いしれます。そのおいしさはどこまでも深く、まさに溺れてしまいそう。ナッツ、花びら、柑橘、スパイス…合わせるものによって味わいの表情が変わるのも魅力です。

OCT

2

サラダブーケ

友人宅で持ち寄りパーティ。なにか仕上げて持っていくのもよいけれど、自家製ドレッシングだけを瓶に詰めて、あとはハーブをお花代わりに束ねてブーケに。こんな持ち寄りも素敵です。

OCT
3

洋梨

半分に切った時に、ふわっと鼻をくすぐる甘い洋梨の香り。お酒のような芳醇な甘さが、大人好みのゆえんでしょうか。

OCT

4

洋梨スタイル

洋梨の容姿は唯一無二のフォトジェニック。

たくさん買い込んで、追熟は大皿にのせてリビングで。大きなオーバルプレートはこんな時にも活躍します。

OCT

5

スープボウル

なんでも花器にみたてますが、スープボウルやカフェオレボウルのような口の広い器は、好んでよくつかいます。これはフランスのアンティークのスープボウル。クレイユモントローのものです。

口の広い器に花を生けるときのコツは、器の縁に花首をのせること。まずは中心のアマランサスを器の縁にのせ、その両脇にノコンギクを添えます。

OCT

6

パンデピス

フランスに行くと必ず買うパンデピス。蜂蜜の香りや甘み、スパイスの効き方、どこのものがおいしいか、好みのものを探します。素朴なお菓子だけれど、日が経つにつれ変化していく味わいに楽しさが。自分でも作ってみては、好みの味を探り続けています。

OCT
7

菊のブーケ

仏花のイメージが強い菊ですが、さっと束ねただけでこの可愛さです。

OCT

8

ローリエ

料理に使うハーブとしてよく知られている月桂樹の葉。
古代ギリシャでは勝利と栄光のシンボルでした。

OCT

9

食用ほおずき

甘くて酸っぱく、そして芳香があります。

木ノ実のリース

森で、足もとに落ちている木の実を集めてつくるリース。

〈材料〉
木ノ実6~7種類
(クルミ、ヘーゼルナッツ、ヤシャブシ、ユーカリの実など)
アイスランドモス
市販のリース土台　直径15cm
ビーディングワイヤー　ゴールド#34

OCT
10

①グルーガンでリース土台の上面にモスを接着する。
②モスを隙間なくつけていく。
③さらにモスをしっかりと固定するため、ワイヤーを3~5cm間隔でくるくると一周巻きつける。ワイヤーの両端を土台の裏側でねじり留め、短くカットして土台に入れ込む。
④クルミなど大きい実から順にグルーガンで接着し、モスの上にぐっと押し付ける。
⑤クルミを中心にグループを作るイメージで、全体のバランスを見ながら中くらいの実も接着していく。仕上げにモスが見えている隙間を埋めるように、小さい実を付ける。

木の実はきちんと一列に並べるのではなく、互い違いに置いたり、向きを変えたりすると自然な表情のリースになります。

OCT

11

きのこのリゾット

〈材料・2人分〉
きのこ　250g
（しいたけ、まいたけ、マッシュルームなど）
玉ねぎ　¼個
パセリ　適量
米　60g
ハト麦　30g
チキンスープ　250ml
オリーブオイル　20ml
ローリエ　1枚
白ワイン　15〜20ml
粗塩　小さじ½＋適量
バター　5g
菊花　適量

①きのこは小分けにする。玉ねぎ、パセリはみじん切り。ハト麦は水に浸す。
②小鍋にきのこ、ローリエ、白ワイン、粗塩小さじ½を入れ、ふたをしてしっとりするまで蒸し、バターを加える。きのこと蒸したスープを分ける。
③別の鍋にオリーブオイルを熱して玉ねぎをよく炒め、米、水気をきったハト麦を加えて全体に油分が行きわたるようにさっと炒める。
④チキンスープを半量注ぎ、ざっと混ぜたらふたをして5分ほど煮る。次にきのこのスープを入れてざっと混ぜ、ふたをして5分煮る。最後に残りのチキンスープを、様子をみながら注ぎ、パセリも加えてざっと混ぜ、ふたをして5分煮る。塩で味をととのえる。菊の花びらを散らす。

OCT

12

セロリアックのサラダ

セロリアックやセロリラーヴと呼ばれる根セロリ。細く切ってフレンチマスタードとヨーグルト、オリーブオイルで和えて、塩でととのえます。少し酸味のあるパンとフレッシュな洋梨を添えて、オープンサンドにしても。

紫白菜のサラダ

〈材料・2人分〉
紫白菜　3枚
生ハム　3枚
塩　適量
米酢　小さじ2
はちみつ　小さじ1
オリーブオイル　適量

紫白菜は食べやすい大きさに切り、塩をふってなじませます。ひと口大に切った生ハムと合わせ、調味料で和えればできあがり。

紫白菜は酸に反応して発色が良くなり、鮮やかに。料理をしていると、素材の色合いにハッとさせられることがあります。

OCT
13

OCT

14

レモンのスワッグ

枝についたままのレモンの実をいただいたので、束ねてそのまま逆さに吊るし、スワッグに仕立てました。一緒に束ねたユーカリとティーツリーも、レモンの香りがする植物です。それぞれ、葉が乾燥してもさわやかな香りを漂わせて、部屋の中を心地よくしてくれます。

〈材料〉
レモン
レモンユーカリ
レモンティーツリー

①レモンユーカリとレモンティーツリーを入れ込みながら、茎をまっすぐにして手のひらにのせる。
②その上からレモンを重ねる。この時、レモンはぐっと手前に引き寄せる。

OCT

15

ふわふわさつまいもとバニラアイス

銀杏並木を散歩しているような、秋を感じるデザートです。茹でたさつまいもを裏ごしして、ふわっと皿に散らします。ミルキーなバニラアイスをのせればふわふわとからまって、止まらない、おいしさです。

OCT

16

栗

まるで波平さんの頭のような、なんとも愛らしい形の栗。

栗はそのままよりも、形を変えてお菓子に用いた方が好み。ペーストにしただけでも、おいしさの魅力が増すように思います。

OCT
17

バンクシア

オーストラリア原産の植物バンクシアは、開花時は花柱が長く伸び、ブラシのような姿です（右）。ドライに仕立てて部屋の中に飾るとオブジェのよう。棚の上の雑貨と一緒に並べたり、お気に入りの洋書の上に置いたりしています。

このバンクシア、ちょっとユニークなのがその発芽方法です。時に山火事が起こるオーストラリアの乾燥した大地。硬い果実（左）がこの山火事で熱せられ、弾けて種が落ち、何もなくなったところに芽を出すのだそうです。生存競争を勝ち抜くためのすごい知恵。

OCT
18

栗のポタージュ

〈材料・2〜3人分〉
栗　14個
玉ねぎ　½個
バター　20g
ローズマリー　小1本
牛乳　300ml
塩　適量

みじん切りにした玉ねぎと、下ゆでした栗をバターでゆっくり炒め、ローズマリーと牛乳200mlを入れて弱火で煮ます。ミキサーでペースト状にして残りの牛乳で濃度を調節し、塩で味をととのえます。

OCT

19

溶けかけのチョコレート

チョコレートを溶かすことも、再構築することも、温度と艶が肝心。テンパリングという工程が必要です。溶かすだけ、固めるだけ、それだけのことが科学だなぁと思い知らされます。

OCT

20

コーヒーとドライフルーツ

コーヒーもドライフルーツも、なければないで生きていけそうだけれど、あればまた特別にうれしいもの。そういうものって、ありますね。

OCT

21

老鴉柿

秋が深まりはじめると、実もののしつらいがどんどん楽しくなってきます。

ちなみにこの老鴉柿《ろうやがき》は渋柿なのだそうです。観賞用に作られた品種なので、食すのはやめにしておきます。

OCT

22

紅玉のサラダ

セルバチコ、ディルの香り豊かなハーブと酸味のしっかりあるりんご。この組み合わせを繋げるのはフレンチマスタード、レモン汁、白ワインビネガーとオイルと塩のドレッシング。

甘酸っぱくて香りがあって、デザートのようなサラダです。

OCT
23

秋バラのブーケ

秋のバラは春から何度か返り咲いたバラだから、花の大きさが小ぶりです。

そのかわりに色がぐっと深くなり、香りも強く立つのですね。

女王というよりは、可憐な少女のように思うのです。

いろいろなバラは、花の位置を、花ひとつ分くらい手前にずらしながら重ねるように束ねていきます。

OCT
24

リーキ

リーキはポロネギとも呼ばれる太ネギです。じっくり火を入れると、甘みがいっそう、引き立ちます。

OCT
25

リーキの蒸し煮

リーキを4〜5センチに切り、ローリエ、粗塩、オリーブオイル、ほんのすこしの水分で蓋をしてゆっくり蒸します。

最後にバターを落とすと、ふくよかに仕上がります。

OCT

26

好きな花

「好きな花はなんですか？」そう尋ねられたら、やっぱり〝バラ〟と答えてしまいます。

マンションのベランダで原種のバラやイングリッシュローズなどを中心に、七十鉢ほどを育てていたころ、毎日のように夢中でバラ図鑑を眺め、あちらこちらのバラ園を訪ね、ついにはイギリスのバラの聖地で庭園を巡って……。まさに恋をしていました。

OCT
27

黒と白

カカオ分の多いチョコレートにヘーゼルナッツ、アーモンド、アプリコット、クランベリー、そして粗塩にエディブルフラワー。

同じトッピングでもホワイトチョコレートとは印象が違います。

OCT

28

和にも洋にも

花の仕事をはじめてから、あらためてその可愛らしさに気づいたのがキクです。和のイメージが強い花ですが、生ける器や、合わせる雑貨によって印象が変わります。

スプレー咲きのやさしいピンクのキクは、アンティークのメディカルポットを花器にみたてて、洋のイメージのしつらいにしてみました。

OCT
29

ポークビーンズ

豚肉と白豆は相性抜群。どこまでもやわらかく煮込みます。マジョラムの芳香がふたつをより深く繋げてくれました。

OCT

30

直径15センチ

華美ではないケーキや、パウンドケーキなどのひと切れをのせる時、お皿のサイズは直径15センチが重宝します。

OCT
31

卵のサンドイッチ

シンプル・イズ・ベスト！
卵サンドは普通がおいしい！

NOVEMBER

NOV 1

干し花

植物の最後の姿まで見届けたいと思い、勝手に名付けてはじめたのが「干し花」です。

その作り方はまるで実験のよう。水分の多いチューリップやヒヤシンスなどの球根花でも綺麗な干し花になります。

・窓辺に吊るす。

・ざるにのせる。

・リースやスワッグに仕立てて、そのまま飾る。

上手くつくるポイントは、蕾のものを干すのではなく、咲ききったものをあくまでも最後の楽しみとして干すこと。

できた干し花は、茎を残しても、花びらだけでも。生花とはまた違った魅力で、オブジェのように飾ったり、ラッピングの際に添えたりして楽しんでいます。

NOV

2

葉のついた人参

葉つき人参が可愛いと思うのは、ピーターラビットを思い出すからでしょうか。物語の中で、人参がとてもおいしそうに見えましたっけ。

NOV

3

姫りんご

草花が少なくなってきたって、もうすぐやってくる冬にも冬の楽しみがあります。たとえばキーンと冷たい空気の中で見る、冬の赤い色。姫りんごはカフェオレボウルにこぼれ落ちるくらいこんもりと。

NOV

4

木ノ実たち

ただただ、並べるだけで。

NOV
5

レモンマリーゴールド

いつものハーブ農園からいろいろなハーブの詰まったダンボールが届きました。開けた瞬間、柑橘系の香りに甘くスパイシーな香りが混ざったような強い芳香。レモンマリーゴールドが入っていると、すぐにわかります。

ハーブの香りベスト3に入れたい、好きな香りです。

NOV

6

チェリーセージ

摘むとすぐに花びらを落としてしまうから、カップに水を張り、浮かべて、このなにげない光景を楽しみます。

NOV
7

りんごのお菓子

りんご果汁を煮詰めていくとペクチンの力でゼリーのようにまとまりました。

無造作にティスプーンですくってグラニュー糖をまぶします。紅茶に合う小さなお菓子のできあがり。

NOV

8

枯葉

足元の落ち葉に目がいく季節がやってきます。

NOV
9

スコーン

スコーンは焼きたてにかぎります。朝食にスコーンもいいですね。でも、やっぱりティタイムのお供に。

山帰来のリース

冬を迎える準備として最初に作るのが、この山帰来《さんきらい》のリースです。

NOV

10

NOV

11

きのこのパスタ

きのこは、ホワイトマッシュルーム、ブラウンマッシュルーム、しいたけ、しめじ、まいたけを合せて400g用意します。つぶしたニンニクひとかけとマジョラム2本、オリーブオイル30mlを熱して、きのこを中火でざっとなじませ、粗塩少々と白ワイン30mlをふり、蓋をして蒸し煮にします。

茹であがったロングパスタとからめて、塩、黒こしょうでととのえます。

NOV

12

秋野菜のグリル

大ぶりに切った無農薬の人参とさつまいもとビーツにタイムを散らしてオリーブオイルを回しかけ、200度のオーブンで30分、グリルします。仕上げに粗塩をふります。

NOV

13

秋野菜の温サラダ

茶系だけと思われがちな秋の色合いの中にも、こんなに素敵な色彩があります。

NOV

14

フェンネルとスプーン

フェンネルの香りに誘われて、今日はゆっくり煮込み料理でも作りましょうか。

NOV

15

クッキーサンド・アイスクリーム

オートミールのクッキーにアイスクリームをサンドして、エディブルフラワーの花びらの上をコロコロと転がします。

NOV
16

バターナッツ・スクワッシュ

最近、よく見かけるようになったバターナッツ・スクワッシュ。甘みが強く、ナッツのような味わいで風味があり、なめらかさが特徴です。なめらかさを味わうならば、ポタージュにするのが最良です。

NOV

17

ヘクソカズラ

誰が名付けたか……。植物だからといって、いい香りばかりではないことを教えてくれるヘクソカズラ。とはいえ、小さな花は筒型で中心の濃いピンクがとても愛らしく、実はブロンズ色に熟す姿がとてもかっこいいのです。

ところで、一説によると人間は匂いに三分で慣れてしまうのだとか！

NOV
18

バターナッツのポタージュ

〈材料・作りやすい分量〉
バターナッツ　300g（1/4個）
玉ねぎ　1/4個
バター　8g
塩　適量
水　60ml
牛乳　150ml

①バターナッツはひと口大に切り、玉ねぎは薄切りにする。バターで炒め、塩をふって水を注ぎ、蓋をして弱火で蒸し煮にする。
②①をミキサーにかけて鍋に戻し、牛乳を加えて弱火で温め、塩で味をととのえる。シナモンやナツメグの風味をプラスするのも良い。

NOV
19

りんごのジュレ

りんごの赤いゼリーと姫りんご。この可愛さにキュン！ とします。ゼリーはりんごの酸味とペクチンを利用してぷるんぷるんに。

NOV

20

カフェオレとテディベア

〝テディベア〟は、私がはじめて育てたバラです。咲き終わりにちかづくと、花びらがカフェオレ色になるのが気に入って、手に入れました。

NOV

21

グレープセンテッド・セージ

植物との関わりは、愛でるだけじゃないんだなぁ、とつくづく思います。グレープセンテッド・セージは、古来よりアメリカ先住民に、解熱剤などの薬草として用いられてきたそうです。

NOV
22

大和芋の揚げ団子

幾度つくったでしょうか。この揚げ団子は大和芋をすりおろして、揚げ油にスプーンで落とすだけ。外はカリカリ、中はもっちり。すりおろした大和芋にディルを刻んで混ぜても香りが移っておいしいです。ぜひ、揚げたてをパクッとほおばってみて。

NOV

23

バラの実のブーケ

真っ赤に色づいたバラの実の可愛らしさをぎゅっと束ねて。しばらく枝先を水につけてフレッシュで楽しんだあとは、そのまま吊るしてドライに仕立てます。

ノバラを2束に分け、クロスさせるようにしてまとめて持ちます。上から見てバランスを整え、枝は長めに残してカットします。

NOV

24

ヤツデの実
ハゴロモジャスミン
イタリアンベリー

わが家で食卓やキッチンまわりに花をしつらえる時、私は食器棚を眺めます。

毎日のように使うグラスやカップを手にすることもあれば、平皿やボウルなどのこととも。

ふだんから愛着をもって使っている器だからこそ、暮らしの空間にすーっと馴染むのだと思うのです。

NOV
25

アルミポット

フォルムといい、容量といい、使い勝手のいいアルミのポット。注ぎ口と取っ手は元のものから付け替えられています。現代作家の作品の一点モノ。長年、日々、愛用中。

NOV

26

菊とカフェオレボウル

ボウルの中でくるくると。

NOV

27

サーモンフライ

サーモンフライにはフレンチマスタードとコルニッションを添えて。サーモンフライをサンドイッチにしてランチに、はたまた夜食でウイスキーのお供にも。

NOV

28

ベストと菊

服の形をした花瓶の可愛さに、ひと目惚れしました。
合わせたのは、淡い黄色の色合いが素敵な菊。

NOV

29

ポトフ

ポトフはフランス語で〝火にかけた鍋〟という意味の、肉や野菜の煮込み料理のこと。大きくカットした野菜をじっくり煮込んで、さぁ、温かいうちに鍋ごとテーブルへ。ローズマリーの枝を編んで鍋敷きにしてみたら、食卓によい香りが漂いました。

NOV

30

木々の落としもの

マツボックリ
クルミ
ヤシャブシ
プラタナス

DECEMBER

DEC
1

キャンドルとドライフラワー

秋からドライに仕立てておいた植物たちは、暮らしのものと合わせて楽しみます。シンプルなキャンドルに、小さなブーケを麻紐で巻きつけてみました。

今日から師走。せわしなくなるけれど、なるべく気持ちはゆったりと。

DEC

2

ピンクペッパー

いつもはドライで手に入れることの多いピンクペッパーの実。花市場で、フレッシュな枝ものと出合い、さっそく生けてみました。

スパイシーながら、どこか爽やかな香りがします。

DEC

3

干し柿

大好きな干し柿の季節到来。冬の保存食として、中国から伝わったそうです。柿は体を冷やすとされますが、干し柿は内臓を温めるとして古くから重宝されてきました。

そのまま食べるのも良いですが、いろいろな料理やお菓子に使うこともでき、冬の食を豊かにしてくれます。

DEC

4

紅芯大根

紅芯大根も色合いの少なくなる冬の食卓に彩りを添えてくれます。辛味は少なく甘みを感じます。火を入れるよりもサラダや漬物など、生で食べるほうがおすすめです。

DEC
5

ハチミツとラズベリー

ハチミツをたらすとキラキラとして、
まるで宝石のよう。

DEC
6

ラズベリー

ラズベリーの甘酸っぱさはお菓子だけでなく、料理にも合います。たとえば、白身魚のカルパッチョにはラズベリーをハチミツでマリネしたものをたっぷり添えます。

DEC
7

セルリア

やさしい、ふんわりとした雰囲気で、ウエディングブーケにも人気のあるセルリア。英名の「blushing bride＝頬を染める花嫁」というのも頷けます。

生けても花持ちがよく、飾りながら綺麗にドライへと仕立てることができます。

DEC
8

冬の葉たち

コニファー・ブルーバード
ヒムロスギ
ユーカリ・グニ
コニファー・ブルーアイス
モミ

DEC
9

チューリップの干し花

時を止めて、その可愛さをずっと愛でる。

DEC

10

クリスマスリース

一年の終わりに感謝の気持ちを込めて、クリスマスリースをつくります。たくさん笑えたこと、おいしいご飯をいただけたこと、大切な家族や仲間と過ごせたこと……。手を動かしながら、今年一年のことを振り返る穏やかな時間です。

西洋では、新しい年を迎えるときや季節の変わり目には、悪いものがやってくると考えられていました。クリスマスリースに針葉樹のモミやコニファーなどをつかうのは、これらの香りが邪気を払ってくれるからといわれています。

〈材料〉
ヒムロスギ
コニファー・ブルーアイス
コニファー・ブルーバード
ユーカリ・ポポラス
フィリカ・コットンブッシュ
リューカデンドロン
バーゼリア、ナンキンハゼ
市販のリース土台　直径20cm

①それぞれの枝を長さ10～15cmほどにカットし、土台の上面に1本ずつ、挿し込んでいく。
②さらに動きを出すために、20cmほどのヒムロスギ1本とブルーバード1本をバランスをみながら挿し込む。
③最後に実ものを散らして挿す。

DEC

11

蕎麦

おいしいお蕎麦で年を越したいので、年越しそば用の乾麺を食べ比べ。大晦日、お蕎麦屋さんで年越しそばを食べてもみたいけれど、寒い中、並ぶのはなぁ……。

DEC
12

あじさいとりんごジャム

可愛い、綺麗と思ったものをただ並べてみる。
こんな単純な思いつきや想像を大切に。

DEC

13

紅芯大根のサラダ

紅芯大根は酸で鮮やかに発色します。薄切りにしてビネガーと粗塩、フェンネルとゼラニウムを散らします。

DEC

14

オムレツ

早起きをして、ハーブを添えたオムレツをつくりました。
とても清々しい朝、良い一日になりそうです。

炒り番茶のアイスクリーム

DEC
15

炒り番茶のスモーキーさとミルクの甘みがよく合います。

〈材料〉
炒り番茶　7g
牛乳　450ml
生クリーム　90ml
卵黄　100g
砂糖　90g

①小鍋に牛乳、生クリーム、炒り番茶を入れて中弱火でふつふつとなるまで煮る。
②ボウルに卵黄と砂糖を入れ白っぽくなるまで泡立て器でよく混ぜる。
③②に①を少しずつ加えてよく混ぜ、鍋に戻し、木べらで混ぜながら、とろんとなるまで弱火にかける。
④濾し器で濾し、金属製の容器に入れて冷凍庫で冷やし固める。途中、何度か攪拌して、なめらかにする。

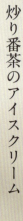

DEC
16

冬の実たち

ユーカリ・ポポラス
リューカデンドロン
バーゼリア
ユーカリ・グロボラス
ネズの実

DEC
17

ヒヤシンス

毎年の決まりごと。
十二月からはじめるヒヤシンスの水耕栽培。

DEC

18

ビーツのポタージュ

ビーツの色合いには、いつもハッとさせられます。

玉ねぎとバターで煮てピュレ状にしたら、お湯で濃度を調節し、塩味をつける。水分を牛乳や生クリームに替えれば、ポタージュは乳白のピンクになり、この色合いにもまたドキッとするのです。

DEC
19

スパイス

スパイスは、ほんのひとさじ用いるだけで味覚が覚醒して刺激になり、内臓には効能や効果をもたらしてくれます。

変化を楽しむスパイス。人生にもスパイスを！

DEC

20

ウインナーコーヒーと白い花

子どものころ、ちょっと憧れだったウインナーコーヒー。ラナンキュラスは生クリームのように純白です。シルバーリーフが素敵なロシアンオリーブと、寒さで葉が少し赤くなったミントを一緒にしつらえました。

DEC

21

日本水仙

まだまだ花の少ないこの時期に咲いて、その香りとともに楽しませてくれる日本水仙。

その名から、日本原産かと思ってしまいそうですが、遥か昔に地中海からシルクロードを通って、中国を経て日本に伝わったものが野生化したといわれています。

なんともロマンティックですね！

DEC

22

ゆず茶

冬至。一年で最も昼の時間が短い日。
かぼちゃを煮たり、小豆粥を食べる
習わしがあります。
そして、夜はゆず湯も楽しみですけ
れど、まずはゆず茶でホッとひと息。

DEC
23

黒花のブーケ

「黒蝶」という名の赤黒い色のダリア、大人っぽい印象です。
ダリア2本を持ち、そのまわりを囲むようにユーカリを束ねる。茎は長めに切ります。

丸鶏のロースト

〈材料〉
丸鶏　1羽
レモン　1個
ローズマリー　適量
ニンニク　1かけ
オリーブオイル、粗塩　各適量
カブ　2～3個
ジャガイモ　3～4個

丸鶏の中に粗塩とオリーブオイルをぬり、カットしたレモンとローズマリー、ニンニクを詰め、楊枝などで止めます。カブとジャガイモは食べやすい大きさにカットします。天板に鶏肉と野菜を並べて、鶏肉の皮にオリーブオイルをぬって200度のオーブンで50～60分。途中、出てきた脂を皮にかけながら、焼きます。

DEC
24

DEC

25

クリスマススワッグ

聖なる木、オークが魔除けとして束ねられ戸口に飾られたのがスワッグの始まりと言われています。常緑樹の枝を束ねただけの素朴な魔除け飾りです。

DEC

26

チョコレートコスモス

ぜひ鼻を近づけて、香りをかいでみて欲しいのです。
まさに、チョコレート！

DEC
27

コットン

冬の白は、純潔を表す色なのだそう。

DEC
28

蓬莱飾り

お正月飾りは十二月二十八日までに飾るのが習わしとされています。「蓬莱《ほうらい》飾り」は、新年を祝う飾り物のひとつ。不老の仙人が住むという古代中国の理想郷「蓬莱山」をまねたと言われています。

昔からの風習といっても、今の暮らしに馴染むように。ヒカゲノカズラを束ねて、そこに稲穂や南天、水引などの縁起物を取りつけて壁にかけました。

ヒカゲノカズラは、古代より神事や祭事の際に穢れのなさを示す印として使われてきた、高貴な植物です。

DEC

29

ポークグリルに甘いソース

玉ねぎとりんごを煮詰めて、甘みを生かしたソースをつくりました。ポークグリルに合わせたら、無骨な肉料理がやさしいプレートになりました。ゼラニウムの葉も甘みがあります。

DEC

30

テーブルセッティング

年末は家族や友人たちと集まっての食事も多くなりますね。テーブルセッティングもホストの楽しみのひとつ。今日は、ナプキンをローズマリーの枝でクルクルと。

DEC
31

大晦日

最後まで見て、読んでいただき、ありがとうございます。

大晦日なのに、サンドイッチ？　と、お思いのみなさま。31日は勝手ながら「サンドイッチの日」として毎月サンドイッチをつくりました。

今、見返そうと思ったあなた、まだほかにも「○○の日」は11個も潜んでいます！　3、8、10、11、13、15、18、20、23、26、29日はさて、いったい何の日でしょう？

答えを探しながら、またページをめくってもらえたら、うれしいです。

今年も一年が終わります。

来年も実り多き、良き年となりますように。

さくいん

あ

い

う

え

お

か

し

す

せ

そ

た

ち

平井かずみ ひらいかずみ

フラワースタイリスト。ikanika主宰。草花がより身近に感じられるような「日常花」の提案をしている。東京を拠点に、「花の会」や「リース教室」を全国各地で開催。雑誌や広告などでのスタイリングのほか、ラジオやテレビに出演。著書『フラワースタイリングブック』『ブーケとリース』『あなたの暮らしに似合う花』ほか多数。
http://ikanika.com/

渡辺有子 わたなべゆうこ

料理家。アトリエ「FOOD FOR THOUGHT」で料理教室やイベントを開催。同名のショップでは作家の器や自家製ビン詰、焼き菓子などを販売している。『春には豆ごはんを炊く』『作りたい、食べたい、12ヵ月のシンプルレシピ』『すっきり、ていねいに暮らすこと』『サンドイッチの時間』『料理と私』など、レシピをはじめ、生活にまつわる著書多数。

520fft.tumblr.com

大段まちこ おおだんまちこ

フォトグラファー。雑誌や広告で活躍。共著に『神戸ロマンチック案内』など。毎年人気の「日めくりカレンダーBOOK A VERY MERRY EVERY DAY to you」では、企画および写真を担当している。

www.odanmachiko.com

花と料理

おいしい、いとしい、365日

2018年10月20日　初版第一刷発行
2020年12月24日　初版第二刷発行

著者　平井かずみ　渡辺有子　大段まちこ

デザイン　大島依提亜　勝部浩代

発行人　孫家邦

発行所　株式会社リトルモア
〒151-0051 東京都渋谷区千駄ヶ谷3-56-6
電話：03(3401)1042　ファックス：03(3401)1052
http://www.littlemore.co.jp/

印刷所　藤原印刷株式会社
製本所　株式会社渋谷文泉閣

ISBN978-4-89815-492-2
C0077